Ich, Udo · Gespräche mit Christian Simon

Gespräche mit Christian Simon

Langen*Müller*

3. Auflage 2016

© 2016 Langen*Müller* in der
F.A. Herbig Verlagsbuchhandlung GmbH, München
Alle Rechte vorbehalten
Umschlaggestaltung: Wolfgang Heinzel
Umschlagmotiv: picture alliance/Mani Hausler
Satz: VerlagsService Dietmar Schmitz GmbH, Heimstetten
Gesetzt aus: 12,25/15,5 pt Adobe Garamond Pro
Druck und Binden: CPI books GmbH, Leck
Printed in Germany
ISBN 978-3-7844-3408-7
Auch als

www.langen-mueller-verlag.de

Udo Jürgens
...unterm Smoking Gänsehaut

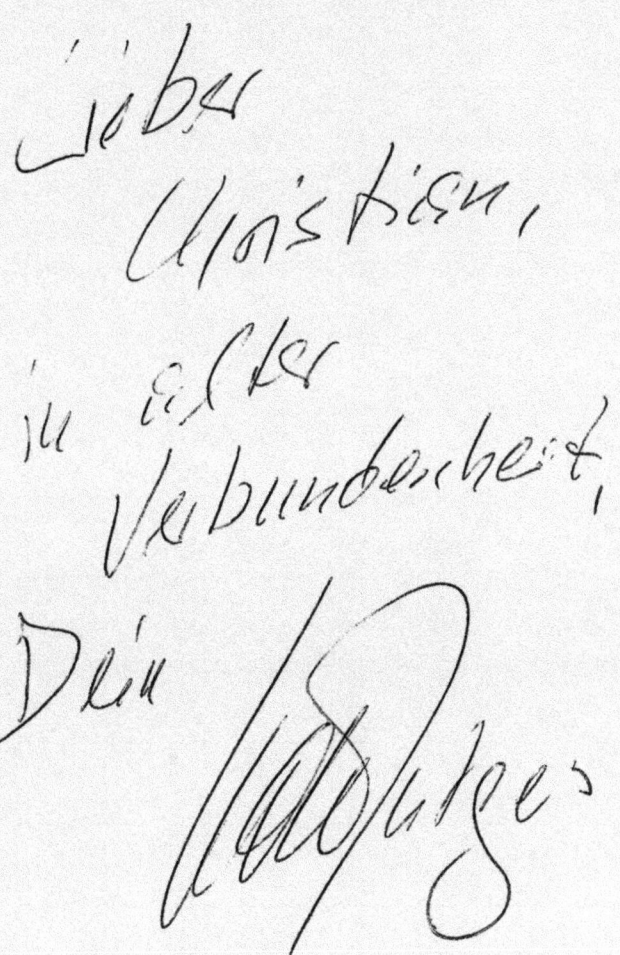

1 Udos persönliche Widmung vom 30. September 1994.

Inhalt

Vorwort – *Was ich dir sagen will* 9

1. *Meine Udo-Jahre*
Eine Biografie aus nächster Nähe 13

2. *Wer nie verliert, hat den Sieg nicht verdient*
Vom Tingeln zum Erfolg 41

3. *Ich war noch niemals in New York*
Udo in Amerika 49

4. *Noch drei Minuten*
Die Konzerte, die Bühne und das Publikum 63

5. *Was wirklich zählt auf dieser Welt,
das bekommst du nicht für Geld*
Gagen, Luxus und eine Steueraffäre 91

6. *Ein Mann und seine Lieder*
Songs und Themen 105

7. *Lieder, die auf Reisen gehen*
Udo Jürgens – der Komponist und Einzelgänger
123

8. *Ihr Lieben daheim*
Die Familie und ein Privatleben
in der Öffentlichkeit 135

9. *Gib mir deine Angst*
Über Ängste und schlaflose Nächte 155

10. *Ein kleines Lied für mich*
Der deutsche Schlager 167

11. *5 Minuten vor 12*
Udo Jürgens – ein Mann für die Politik? 179

12. *Mein Weg zu mir*
Von Gestern, Heute und Morgen 189

Nachwort – *Zärtlicher Chaot* 209

Anhang
Quellennachweis 216
Bildnachweis 218
Diskographie, Videos und DVDs 219
Tourneen 228
Ehrungen und Auszeichnungen 232

Vorwort

WAS ICH DIR SAGEN WILL

Dieses Buch ist keine reine Hommage auf Udo Jürgens. Vielmehr ist es die Geschichte einer jahrzehntelangen Freundschaft, die 1975 ihren Anfang nahm, als ich Sprecher bei Radio Luxemburg war. Damals begann unsere Verbundenheit, die vierzig Jahre anhalten sollte, Udos halbes Leben. In dieser langen Zeit gab es unzählige Begegnungen in Studios, Konzerthallen, Hotels, auf Partys und Gesellschaften und in absolut privater Umgebung. Davon möchte ich in diesem Buch erzählen und einen Künstler sprechen lassen, der uns allen viel zu sagen hatte.

Alle Gespräche mit Udo fanden in der Zeit zwischen 1975 und 2014 in Luxemburg, Düsseldorf, Duisburg, München, Frankfurt, Zürich und Baden-Baden statt – stets in ungestörter Atmosphäre, fast immer unter vier Augen. Anfangs waren es Interviews für den Hörfunk, später auch für Zeitschriften und Magazine. Dabei war ich mir immer meiner Verantwortung bewusst, ihm als Künstler gerecht zu werden und ihn der Öffentlichkeit so zu zeigen, wie er es wollte – unzensiert und wahrheitsgetreu. Das schaffte Vertrauen zwischen uns. Ich durfte Udo hautnah erleben und einen Menschen kennenlernen, der kein Blatt vor den Mund nahm und aus seiner Seele keine Mördergrube machte. Er stand zu dem, was er tat. Er rechtfertigte sich nicht, er erklärte sein Tun – privat und beruflich.

Mit den Jahren konnte ich auch erkennen, dass Udo kein wankelmütiger Mensch war. Vieles, was er in den Siebzigerjahren aussprach und an Meinungen vertrat, wiederholte er fast wortgleich in den Neunzigern und auch im neuen Jahrtausend. Udo konnte bissig kritisieren und liebevoll loben. Und wenn es darauf ankam, war er nicht nur ein Mann des Wortes, sondern auch ein Mann der Tat. Hierzu fällt mir eine kleine Anekdote ein: Udo und ich waren nach einem Mittagessen in Luxemburg mit meinem Wagen auf dem Weg ins Studio zu einer Livesendung. Überall waren Staus, die Zeit wurde knapp. Auch in der Innenstadt stockte der Verkehr – und plötzlich wurden wir im Autoradio schon angekündigt. An einer viel befahrenen Straße sprang Udo mit den Worten »Jetzt reicht's aber!« aus dem Auto, stellte sich wie ein Verkehrspolizist mitten auf eine viel befahrene Kreuzung und stoppte den gesamten Verkehr. Er winkte mich durch, sprang wieder in den Wagen und wir fuhren zum Funkhaus, wo wir gerade noch rechtzeitig ankamen.

Udo verstand es meistens, Probleme schnell zu lösen, und ging dabei mitunter auch den Weg des geringsten Widerstandes. Auf diese Weise kürzte er lange, umständliche Problemlösungen ab und fand rasch eine einfache, für die Beteiligten schnelle und effiziente Lösung. Eben pragmatisch. Zudem stand er seinen Freunden stets mit gutem Rat zur Seite, wenn man ihn darum bat. Ich selber durfte das einige Male erfahren, ob es nun der Schritt vom Radio zum Fernsehen war oder der von dort zum Konzertveranstalter.

Dieses Buch heißt »Ich, Udo«, weil ich ihn mit seinen eigenen Worten wiedergeben möchte. Sie sollen als Leser den Udo Jürgens erleben, der mir gegenüber offen und unverblümt aus seinem Leben erzählte und kein Thema ausließ, war es auch noch so heikel oder intim. Meine Tonband-Aufzeichnungen unserer Gespräche bilden den Grundstein für dieses Buch, angereichert mit einigen Erlebnissen, die mir aus unserer gemeinsamen Zeit unvergesslich geblieben sind. Vielleicht erfahren Sie durch dieses Buch mehr über einen Menschen, den Sie verehrt oder womöglich auch abgelehnt haben. Sollte Letzteres zutreffen ... es könnte durchaus sein, dass Udo es jetzt noch schafft, Ihre Meinung zu ändern. Ich wünsche Ihnen viel Freude beim Lesen!

1.

Meine Udo-Jahre

EINE BIOGRAFIE AUS NÄCHSTER NÄHE

2 Zu Beginn unserer Freundschaft: 1977 in Luxemburg.

Die Sechzigerjahre waren eine wilde, revolutionäre Zeit. Die Beatles, die Rolling Stones, The Lords, Karl May und Edgar-Wallace-Filme waren »meine Welt« – und Udo Jürgens. Eigentlich passte er gar nicht in das Bild der bunten Carnaby-Street-Klamotten, der lauten E-Gitarren und der kreischenden Mädchen, aber da war etwas, was mich und viele andere Menschen faszinierte. War es das Klavier, die deutschen Texte, die typischen Udo-Melodien, der dunkelblaue Smoking mit dem roten Einstecktuch oder die Ausstrahlung dieses »Ausnahme-Entertainers«? Ich weiß es bis heute nicht genau. Es war wohl eine Mischung aus allem.

Dieser extrem konträre Gegensatz, den Udo zu »I Can't Get No Satisfaction« und »Revolution« bildete – vielleicht war es genau das, was ihn immer ausmachte: der Sänger, der mit leisen Tönen seine Meinung laut sagt, mal ironisch, mal sarkastisch, mal lustig und mal ernst. Wie dem auch sei, er gehörte dazu und fand seinen festen Platz neben den Beat- und Rockbands jener Tage. Und das Erstaunliche: Er hat ihn bis heute behalten, und niemand hat ihm diese Position je streitig gemacht. Immer im Smoking mit rotem Einstecktuch.

Ich sah Udo Jürgens zum ersten Mal 1967 in der Duisburger Mercatorhalle, ein Jahr nach seinem Sieg mit »Merci, Cherie« beim *Grand Prix Eurovision de la Chanson* in Luxemburg. »Udo Jürgens singt seine Welterfolge«

stand auf den Plakaten. Es war seine erste Tournee mit eigener Band: Willy Übelherr (Musikalischer Leiter und Keyboards), Sigi Übelherr (Bass), Heinz Allhoff (Klavier), Walter Grägel (Gitarre) und Bob Blumenhofen (Schlagzeug). Ich war begeistert und schaffte es nach dem Konzert in seine Garderobe. Ich erzählte ihm, dass ich neben meiner Ausbildung zum Werbefachmann als Discjockey arbeitete und mal zum Radio wolle. Er war sehr nett, wir unterhielten uns etwas länger und ich bekam mein erstes Autogramm.

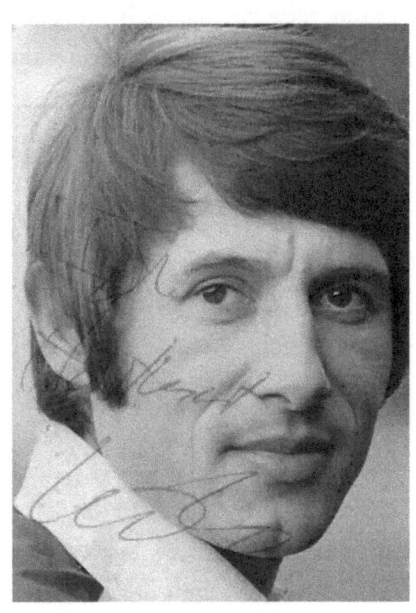

3 Mein erstes Autogrammfoto, 1967 – damals noch auf meinen Vornamen Hartmut. Zu Christian wurde ich erst 1974 bei Radio Luxemburg.

Udo gab damals 50 Konzerte, die von 60 000 Fans besucht wurden. Ein Jahr später waren es schon 75 Gastspiele vor 90 000 Besuchern. Seine dritte Konzertreise ging als Mammut-Tournee in die Annalen der Musikgeschichte ein. Am 6. September 1969 startete »Udo '70«. Geplant waren 70 Konzerte, aber bereits nach einem Monat entschied sein damaliger Manager Hans. R. Beierlein, Zusatzkonzerte dranzuhängen. »Weil es so fantastisch lief, haben wir immer wieder verlängert. Erst 100 Konzerte, dann 150, dann 200. Und dann war das Ziel nicht mehr weit, die größte Tournee zu veranstalten, die es je in Europa gegeben hat«, sagte Beierlein in seinen *Montana Media News*. Am Ende wurden es 266 Konzerte in zehn Monaten mit über einer halben Million verkauften Karten.

»Ich gebe zu, dass ich ihn etwas überstrapaziert habe«, sagte sein Ex-Manager fast vierzig Jahren später. »Udo war ausgelaugt und sagte mir das auch. Aber wenn es so gut läuft, muss man dabeibleiben. In einem Konzert saßen Axel Springer und Ehrensenator Dr. Franz Burda nebeneinander in der ersten Reihe. Udos Konzerte waren ein nationales Ereignis, alle Medien feierten ihn rauf und runter.« Obwohl Udo gestresst und überarbeitet war, nahm er sich noch Zeit und schrieb Grußkarten für Ehrengäste, die diese dann auf ihren Hotelzimmern vorfanden.

Damals entstanden auch die typischen Udo-Jürgens-Markenzeichen: knallrot gefütterte Smoking-Jacke, rotes Einstecktuch und das letzte Lied im Bademantel ... Was für ein Erfolg! Doch der Weg dorthin war oft steinig und schwer.

Udo Jürgen Bockelmann, so sein bürgerliche Name, wurde am 30. September 1934 in Klagenfurt geboren. Er wuchs zusammen mit seinen Brüdern John (1931–2006) und Manfred (geb. 1943) im elterlichen Schloss Ott-

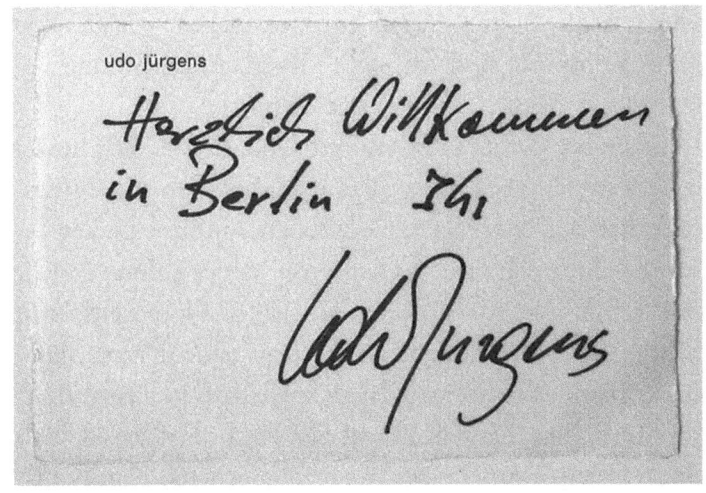

4 Grußkarten für seine Ehrengäste waren Udo ein Herzensanliegen. Hier eine Karte von seinem Berlin-Konzert.

manach in Kärnten auf. Sein erstes Instrument war eine kleine Mundharmonika, auf der er Volkslieder spielte. Mit acht Jahren wurde ihm ein großer Wunsch erfüllt: Seine Eltern schenkten ihm ein Akkordeon. Schon mit vierzehn begann er ein Musikstudium am Konservatorium Klagenfurt und belegte die Fächer Klavier, Harmonielehre, Komposition und Gesang. Ein Jahr später schrieb er seine ersten Lieder.

Udo war ein kränkliches, schwaches Kind. Er hatte Ängste, konnte sich in der Schule bei den Klassenkameraden nicht sonderlich behaupten, wurde wegen seiner Segelohren gehänselt und bekam Komplexe. Die Ohren ließ er sich mit 19 Jahren anlegen, was damals noch ein sehr schmerzhaftes Unterfangen war. Aber das musste sein, denn Udo wusste bereits: »Ich will mal Sänger werden und auf die Bühne!« Und gutes Aussehen gehört eben dazu! Komplexe und Ängste besiegen, Anerkennung bekommen – das schafft man mit Musik.

Schon als kleines Kind merkte Udo, dass er sich innerhalb weniger Tage ganz alleine Harmonien zu Opernmelodien auf dem Klavier erarbeiten konnte. »Dieses Talent habe nur ich und das kann mir keiner nehmen!« Mit dieser Erkenntnis wollte er ins Leben. »Ich werde mit Musik auf- oder untergehen«, sagte er seinem Vater, »und besser in einer Hotelbar Klavier spielen als in einem Büro verkümmern.« Damals ahnte niemand, dass dieser Udo Bockelmann einmal einer der erfolgreichsten Komponisten unserer Tage mit weit über 100 Millionen verkauften Tonträgern werden würde. Damit zählt er zu den erfolgreichsten Solokünstlern der Welt!

Aber beginnen wir chronologisch. 1950 gewinnt das Lied »Je t'aime« eines Sechszehnjährigen aus Klagenfurt unter dreihundert Einsendungen den ersten Platz beim Komponisten-Wettbewerb des Österreichischen Rundfunks. Ein Jahr später verließ Udo das Klagenfurter Realgymnasium und hatte seinen ersten Auftritt für 5 Schilling pro Stunde (das waren damals etwa 90 Pfennig, und wären heute etwa ein Euro) im Gasthof »Valzachi« in Klagenfurt, den es übrigens heute noch gibt. Udo hatte mit Freunden eine kleine Combo gegründet, die sich »Udo Bolan Band« nannte.

An diesem Abend geschah etwas Entscheidendes. Spät in der Nacht jubelte das Publikum Udo zu und er entschied: »Jetzt hab ich begriffen, um was es geht. Das muss ich weitermachen!« Und er tat es, arbeitete als Komponist und Arrangeur für das Radiostudio Klagenfurt und wurde 1952 vom britischen Militärsender BFN (British Forces Network) als Moderator und Musiker für eine wöchentliche Radioshow engagiert. Seine Sendung wurde von vielen Zuhörern verfolgt, und so bekam Udo ein Jahr später eine Einladung nach Berlin, um dort mit dem RIAS-Tanzorchester unter Leitung von Werner Müller zu spielen. Udo tingelte durch Österreich und Deutschland und machte sich einen Namen als Jazzpianist.

Dann kam die erste große Chance: Heliodor/Polydor gab ihm 1956 einen Schallplattenvertrag und einen neuen Künstlernamen – Udo Jürgens!

Die erste Single erschien: »Es waren weiße Chrysanthemen«. Und wurde ein kapitaler Flop. Doch Udos Bekanntheit wuchs. Max Greger nahm ihn 1957 mit auf eine große Russland-Tournee. Es erschienen weitere Singles, und Udo zog »berufsbedingt« ins Künstlerviertel von München – nach Schwabing. 1960 wurde er beim Songfestival in Knokke »Bester Einzelsänger des Festivals«, sein Lied »Jenny« wurde ein Nummer-eins-Hit in Belgien.

Im gleichen Jahr komponierte er für Shirley Bassey den Welthit »Reach For The Stars«. Dieser brachte auch das erste große Geld, ungefähr 10 000 DM. Für Udo eine unvorstellbare Summe, von der er sich sogleich einen brandneuen Ford kaufte. Auch seinem Freund Frank Forster, einem Sänger, Schauspieler und Maler, mit dem Udo eine Zeit lang in Schwabing zusammenwohnte, stellte er einen neuen Wagen vor die Tür. Doch die Autos standen bald nur noch in einem Hinterhof, denn für Benzin war kein Geld mehr da …

Udo nahm nun alles an, was ihm an Auftritten angeboten wurde. Er machte Galaauftritte und wirkte Anfang der Sechzigerjahre in so manchem deutschen Schlagerfilm als Schauspieler mit, u. a. in »Unsere tollen Tanten«. Als die Polydor 1963 seinen Schallplattenvertrag nicht verlängerte, wollte er das Singen aufgeben und nur noch komponieren. Doch da kam es zu einer der entscheidendsten Begegnungen in seinem Leben – die Firma Montana verpflichtete ihn. Hinter diesem Unternehmen stand ein Name: Hans R. Beierlein. Er wurde für die nächsten fünfzehn Jahre Udos Manager, Berater und »Macher«. Man kann durchaus sagen, dass er es war, der Udo zum Superstar, Hitgaranten und Markenzeichen geformt hat.

»Als ich Udo kennenlernte«, so Beierlein, »hatte er nichts außer seinem Talent. Er sang Schlager, schlechte Schlager, aber er sang sie gut.« Beierlein überzeugte Udo Jürgens, nur noch eigene Kompositionen zu interpretieren. »Das ist dein Weg! Der und kein anderer!« Udo bestätigte dies 2010 zum 80. Geburtstag von Hans R. Beierlein und sagte: »Er war der erste Manager, der an meine Fähigkeiten als Komponist wirklich geglaubt hat.«

Die erste Produktion unter dem Beierlein-Regime hieß »Tausend Träume« und wurde ein Riesenhit in Österreich. 1964 vertrat Udo zum ersten Mal sein Heimatland beim Grand Prix in Kopenhagen mit »Warum nur, warum?« und landete auf Platz 5. Die englische Version »Walk Away« von Matt Monroe verkaufte weltweit 1,5 Millionen Schallplatten, kam auf Platz 1 in der englischen Hitparade und auf Platz 2 in den USA. Udos deutschsprachige Version wurde Nummer eins in Frankreich (!), und er hatte einen Auftritt im Pariser »Olympia«.

Bei seiner zweiten Grand-Prix-Teilnahme 1965 in Neapel errang Udo mit »Sag ihr, ich lass sie grüßen« den 4. Platz. Ein Jahr später folgte in Luxemburg dann der Sieg mit »Merci, Cherie«. Udos »musikalische Visitenkarte« wurde ein Welthit mit Charts-Spitzenpositionen in über zwanzig Ländern. Der Durchbruch war geschafft!

5 1967 hatte Udo zwei Autogrammkarten: eine im damals neuen »Pocket-Format« (siehe S. 15) und dieses Motiv in Postkartengröße.

Die erste LP »Porträt in Musik« wurde veröffentlicht, Udo bekam den »Goldenen Löwen von Radio Luxemburg« für »Siebzehn Jahr, blondes Haar« und seine erste Goldene Schallplatte für eine Million verkaufte Tonträger von »Merci, Cherie«. 1967 ging er auf seine erste triumphale Deutschland-Tournee, wo ich ihn, wie bereits erwähnt, zum ersten Mal traf.

Nach der 266-Städte-Tournee »Udo '70« wurde er zu einem Phänomen der Musikwelt und bekam seinen ersten Bambi. Udo wurde mehr und mehr zu einem ernst genommenen »Chansonier«. Bekannte Persönlichkeiten schrieben anspruchsvolle Texte für ihn: Hans Hellmut Kirst (»Unabänderlich«), Joachim Fuchsberger (»Was ich Dir sagen will«) oder Eckhard Hachfeld (»Lieb Vaterland«). Und er bediente auch das Genre des einfacheren Schlagers – Lieder wie »Anuschka«, »Es wird Nacht, Senorita«, »Mathilda« oder das Lied der Deutschen Fernsehlotterie 1971, »Zeig mir den Platz an der Sonne«, wurden Hits. Udo tourte durch Europa, absolvierte eine Japan-Tournee und komponierte das Musical »Helden, Helden«, das 1972 in Wien uraufgeführt wurde. 1974 trat er zusammen mit Shirley Bassey vor 40 000 Zuschauern in Rio de Janeiro auf.

Zu dieser Zeit kam ich zu RTL – Radio Luxemburg. Frank Elstner, der damals Programmdirektor war, engagierte mich als Sprecher und Programmgestalter. Eine meiner ersten Ideen war eine Radio-Tournee-Dokumentation mit Udo Jürgens. Ich rief das Büro von Hans R. Beierlein an und unterbreitete dort mein Anliegen. Radio Luxemburg war »der Starsender« und öffnete viele Türen … Die Tournee »Udo '75« stand unmittelbar bevor und man war mit meinem Vorschlag einverstanden. Das Management organisierte mein erstes Interview für die Doku, ein Moment, den ich nie vergessen werde.

Ich sollte Udo am Düsseldorfer Flughafen abholen, fuhr mit meinem kleinen Simca Rallye 1 zum Airport und erwartete ihn in der Ankunftshalle. Ich war aufgeregt, denn nie zuvor hatte ich solch einen Star vor dem Mikrofon gehabt. Er kam tänzelnd in Jeans und Lederjacke durch die Glastüren, eine große Reisetasche über der Schulter. Wir gingen zum Auto ... und Udo war über die »Limousine« nicht gerade begeistert. Er nörgelte etwas herum, und wir fuhren ohne viele Worte zu verlieren zu einem Luxushotel. Das fing ja gut an ...

Udo stieg aus und ging sofort in seine Suite. Ich parkte den Wagen und folgte ihm einige Minuten später. Auf dem Zimmer packte ich mein Tonbandgerät aus und begann mit dem Interview. Langsam taute Udo auf. Über eine Stunde beantwortete er all meine Fragen locker und sehr freundlich. Am Ende des Gesprächs griff er zum Telefon, wählte eine Nummer und sagte: »Da hast du mir aber einen super Typen geschickt. Der macht seine Arbeit sehr gut. Die Doku wird bestimmt toll!« Am anderen Ende der Leitung war Frank Elstner. Das war für mich wie ein Ritterschlag. Von diesem Tag an wurden Udo und ich Freunde.

Ich war einige Tage mit ihm und der ganzen Crew auf Tour, das Mikrofon immer dabei. Ich sprach mit Udo direkt vor und nach den Auftritten, interviewte die Band, die Techniker und das Publikum. Es entstand eine dreistündige Hörfunk-Dokumentation, die beste Kritiken erhielt. Während dieser gemeinsamen Arbeit merkten wir beide, dass wir sehr gut miteinander können, die Chemie stimmte.

Im gleichen Jahr wurde »Griechischer Wein« veröffentlicht. Die Nummer wurde ein Mega-Hit, und Udo besuchte mich zum Studiogespräch bei RTL. Von da an kam er sehr oft nach Luxemburg, manchmal auch ganz privat, sozusagen inkognito. 1976, Udo hatte gerade den »Deutschen Schallplattenpreis« als »Bester Sänger des Jahres« erhalten, schauten wir bei mir zu Hause während der Fußball-EM ein Spiel der deutschen Mannschaft. Am gleichen Tag eröffnete er mir abends beim Essen: »Du, das weiß noch keiner, aber ich trenne mich von Beierlein. Ich weiß noch nicht genau, wie's weitergeht, aber ich habe Kontakte zur Schweiz aufgebaut.« Ein Jahr später wurde es offiziell. Udo wechselte zum Freddy-Burger-Management und zog mit Ehefrau Panja und den Kindern Jenny und Jonny von Kitzbühel nach Zürich.

Ein Jahr später hatte ich eine Einladung von Udo zum Frankfurter Konzert seiner Tournee »Udo live '77«. Vor meiner Abreise aus Luxemburg gab mir mein RTL-Kollege Oliver Spiecker einen Umschlag und bat mich, diesen Udo zu übergeben. Darin befand sich ein von Oliver geschriebener Songtext. Was daraus wurde, weiß heute jeder Udo-Fan: die Acht-Minuten-Komposition »Wort«, die 1979 zusammen mit den Berliner Philharmonikern aufgenommen wurde – ein Meilenstein in Udos Schaffen.

Seine Erfolge gingen unvermindert weiter. 1978 erschien »Buenos Dias, Argentina« mit der deutschen Fußballnationalelf und wurde der größte Schallplattenhit in Udos Karriere: Gold nach fünf Wochen und Platin nach zwei Monaten. Die Single »Mit 66 Jahren« kam auf den

Markt, rechtzeitig zur Tournee »Ein Mann und seine Lieder«. So hieß auch die gleichnamige ZDF-Personality-Show, die eine sensationelle Einschaltquote von 56 Prozent erreichte. Dafür bekam Udo die Goldene Kamera von der Zeitschrift *HÖRZU*.

Im gleichen Jahr wechselte ich von RTL zum Zweiten Deutschen Fernsehen. Daran war Udo nicht ganz unbeteiligt, denn er ermunterte mich zu diesem Schritt, der mein späteres berufliches Leben in neue Bahnen lenken sollte. Wir waren in Luxemburg auf dem Weg zu einem urigen Grill-Restaurant außerhalb der Stadt, das Udo sehr mochte. Er saß neben mir auf dem Beifahrersitz, sah mich an und sagte: »Du musst beruflich noch mehr aus dir machen. Du hast das Zeug dazu. Denk mal ans Fernsehen. Du kannst das schaffen!« Der Gedanke ließ mich nicht mehr los, und ich bewarb mich einige Zeit später beim Mainzer Sender. Nach einem Casting auf der Berliner Funkausstellung bekam ich einen Moderatoren-Vertrag für die TV-Show *Rockpop*, die monatlich in München produziert wurde. Udos Orchesterchef Willy Übelherr und seine Management-Assistentin Christa Wehlte organisierten mir ein Reihenhaus im Vorort Vaterstetten, wo Udo zu seinen Münchner Zeiten auch mit Panja wohnte. Udo war begeistert: »Super, Vaterstetten ist der Mittelpunkt zur Weltkarriere.« Typisch Udo.

Der Kontakt zu ihm wurde nun noch enger, zumal er sehr oft nach München kam. Die Tournee »Udo live in …« (1978) war in Planung und seine Plattenfirma Ariola beauftragte mich mit einem Interview, das dann auf zwei Musikkassetten erschien und an Medienleute verteilt wurde. Diese Produktion mit Musik ist heute eine schwer aufzutreibende Rarität.

An das '78er-Konzert kann ich mich noch sehr gut erinnern. Ich sah es im Deutschen Museum in München. Schon im ersten Teil wirkte Udo angeschlagen, und nach der Pause merkte ich deutlich, dass da etwas nicht stimmte. Udos ansonsten so starke Stimme versagte bei den höheren Tönen, und seine Hände waren geschwollen und rot. In seinem Gesicht spiegelte sich eine Mischung aus tiefer Traurigkeit und Panik. Als er nach dem Finale nicht mehr für die Zugaben auf die Bühne zurückkam und seine Musiker ratlos in die Kulissen schauten, war mir klar, dass etwas Schlimmes passiert sein musste.

Als ich hinter die Bühne kam, erfuhr ich von Udos persönlichem Tournee-Betreuer Hans-Peter Escher, dass er bereits auf dem Weg in eine Klinik sei. Udo hatte eine nicht auskurierte schwere Bronchitis in Verbindung mit einer Penicillin-Allergie. Das bedeutete eine Unterbrechung der Tournee, weil Udo eine Auszeit nehmen musste. Er brauchte dringend Ruhe, und die Presse erfuhr nicht, in welche Klinik er eingeliefert wurde. Mir wurde es als Freund allerdings verraten, und als es ihm nach zwei Tagen besser ging, besuchte ich ihn im Schwabinger Krankenhaus. Bei dieser Gelegenheit überreichte ich ihm auch das inzwischen fertig produzierte »Ariola-Interview mit Musik«, das er sich sofort auf einem Kassettenrecorder anhörte. Es freute mich, dass er davon wirklich sehr begeistert war.

Meine nächste Begegnung mit Udo am 5. Dezember '78 war erfreulicher. Ich saß auf Einladung des Konzertveranstalters und meines Freundes Fritz Rau neben ihm in der ersten Reihe beim Münchner Konzert von Sammy Davis Jr.

6 Udos Autogrammfoto aus dem Jahr 1980

Zur Tournee »Udo '80« plante die TV-Zeitschrift *Bild und Funk* eine Serie mit dem Titel »Meine Lebensbeichte«, die ich zusammen mit Udo erarbeiten sollte. Dafür fuhr ich drei Tage nach Zürich und wohnte bei Udo und Panja. Noch näher konnte ich der »Jürgens-Family« wirklich nicht kommen. Wir fuhren zusammen mit seinem Boot über den Züricher See, machten einen Stadtbummel und saßen bis in die Nacht zusammen. Udo spielte Klavier, es gab noch einen Absacker in der Küche … es war einfach eine unvergessliche Zeit!

7 In Frankfurt bei der Tournee-Premiere von »Udo '80«.

Die Tournee wurde die bis dahin erfolgreichste Konzertreise seiner Karriere – 330 000 Besucher bei 110 Konzerten. Ich besuchte die Premiere in Frankfurt und das Münchner Konzert am 26. September 1980. Diesen sommerlichen Freitagabend werde ich nie vergessen. Nach Udos Auftritt wollten wir noch zusammen mit ein paar Freunden aufs Oktoberfest. Udo hatte ins Käferzelt eingeladen, doch durch irgendwelche Umstände verzögerte sich die Abfahrt von der Halle zur Wiesn. Auf der verspäteten Anfahrt hörten wir dann im Autoradio vom Bomben-Attentat am Haupteingang mit 13 Toten und über 200 Verletzten. Was wäre gewesen, wären wir planmäßig eingetroffen ...? Die Wiesn-Party wurde natürlich abgesagt, und wir trafen uns noch in einem kleinen Restaurant. Die Stimmung war sehr gedrückt und von den Ereignissen beim Oktoberfest überschattet.

1981 ging Udo für einige Wochen in die USA, um in Hollywood mit Harold Faltermeyer die englische LP »Leave A Little Love« zu produzieren, die dann in über zwanzig Ländern erscheinen sollte. Sogar Russland orderte 50 000 Stück. Für den Titelsong gewann Udo beim »World Popular Song Festival« in Tokio gleich zwei Preise – als Komponist und Interpret. Auch für das Album erhielt er einmal mehr den »Deutschen Schallplattenpreis«. Einen weiteren Erfolg verbuchte Udo mit dem Lied »Vielen Dank für die Blumen«, welches für die ZDF-Serie »Tom und Jerry« ausgewählt wurde.

Ein Jahr später kam es zu einer »musikalischen Ehe«, die bis zu seinem Tod Bestand hatte. Sowohl für die LP als auch für die ZDF-Show und die Tournee »Lust am Leben«, die mit 123 Konzerten über 400 000 Besucher begeisterte, arbeitete Udo mit dem Orchester Pepe Lienhard zusammen. Eine der wohl wichtigsten Entscheidungen des Bühnenkünstlers Udo Jürgens! 37 Jahre trat Pepe Lienhard als Bandleader zusammen mit Udo weltweit auf. Die beiden wurden zu echten Freunden und verstanden sich blendend, auf der Bühne wie auch im Privatleben.

Ein Ereignis aus dem Jahr 1983 darf nicht unerwähnt bleiben, zumal die Bilder um die Welt gingen. Für eine TV-Produktion wurde Udo samt Glasflügel auf das 3454 Meter hohe Jungfraujoch in die Schweizer Alpen

8 Pepe Lienhard und Udo Jürgens in seiner Züricher Penthouse-Wohnung. Eine musikalische Ehe, die 37 Jahre halten sollte.

geflogen. Unterm weißen Smoking trug er einen Neoprenanzug, da die Aufnahmen ansonsten aufgrund der klirrenden Kälte gar nicht möglich gewesen wären.

1984 feierte Udo seinen 50. Geburtstag und gab aus diesem Anlass für seine Freunde eine Party in Zürich. Ich war eingeladen und erinnere mich gerne an diesen Tag. Wir feierten zuerst im Szene-Club »Mascotte«, wo Udo auch live am Klavier Songs seines Albums »Hautnah« spielte, für das er Gold bekam. Später ging's dann im selben Haus ein paar Stockwerke höher in Udos neue Penthouse-Wohnung, die noch im Rohbau war. An langen Biertischen wurde bis tief in die Nacht gevespert und getrunken – meinen Flieger am nächsten Morgen verpasste ich dann auch dementsprechend ... Im gleichen Jahr wurde seine Tournee »Hautnah« mit 130 Konzerten und 430 000 Besuchern zum »Giganten-Erfolg«.

Zudem ging Udo unter die Buchautoren. Sein Erstlingswerk hieß *Smoking und Blue Jeans* und wurde ein Bestseller. Udo vermittelt dem Leser einen Blick hinter die Kulissen und erzählt aus seinem aufregenden Leben. In den darauffolgenden Jahren eröffnete Udo die »Wiener Festwochen« (1986), absolvierte die Tourneen »Deinetwegen« (1987), »Concert '90 – Ohne Maske« (1989/90), »Geradeaus« und »Open Air Symphony« (1992).

Während der »Ohne Maske«-Tour war Udo am 09. November 1989 in Berlin und trug sich ins Goldene Buch der Stadt ein. In derselben Nacht erlebte er am Brandenburger Tor zusammen mit Pepe Lienhard den Fall der Mauer. Es sei unvorstellbar gewesen, sagte er später der Presse und erzählte, er sei sehr gerührt gewesen und habe sich mit wildfremden Menschen in den Armen gelegen.

1990 schrieb Udo für zwei Folgen der ZDF-Serie »Traumschiff« den Soundtrack und ging auch als Gaststar an Bord. 1992 gab er auf der Donauinsel in Wien das größte Open-Air-Konzert des europäischen Kontinentes aller Zeiten vor über 200 000 Zuschauern, bekam unzählige Ehrungen und 1993 einen lebenslangen Schallplattenvertrag von »BMG Ariola«, was in der Geschichte der deutschen Phonoindustrie einmalig ist.

1994 hatte Udo seinen Sechzigsten. Ich war mit meiner Frau dazu nach Frankfurt eingeladen, wo Udos Onkel

Werner Bockelmann von 1957 bis 1964 Oberbürgermeister gewesen war. Udo feierte in Frankfurt, denn er bekam an seinem Geburtstag im Frankfurter Römer das »Verdienstkreuz 1. Klasse der Bundesrepublik Deutschland«. Somit hatten wir zwei Gründe zum Feiern! Auch verlieh ihm die Deutsche Phonoakademie in diesem Jahr den Echo für sein Lebenswerk, und das ZDF ehrte ihn mit einer TV-Gala.

Im gleichen Jahr erschien sein zweites Buch ... *unterm Smoking Gänsehaut*, er schauspielerte neben Uschi Glas im »Schloss am Wörthersee« und startete seine dreizehnte Tournee. »Die Größenwahntour« (1994/95) ließ ihn sieben Monate durch die Lande reisen. Mit 500 000 Besuchern bei 140 Konzerten wurde sie zur erfolgreichsten Tournee der Konzertsaison in Europa. Dafür bekam er 1995 erneut die Goldene Kamera der *HÖRZU*.

Ein Jahr später erntete Udo die Lorbeeren vergangener Tage: Sein Album »Aber bitte mit Sahne« erreichte in Österreich Platin-Status, 54 Prozent der Deutschen bezeichneten seinen Song »Griechischer Wein« als ihren Lieblingsschlager, und sein Oldie »Siebzehn Jahr, blondes Haar« landete auf Platz 2 der »ewigen Schlager-Hitparade«. Im Januar 1997 startete »UJ« seine vierzehnte Tournee »Gestern, Heute, Morgen« und stand dafür 111 Mal auf der Bühne. Udo schien den Erfolg gepachtet zu haben, die Superlative nahmen kein Ende. Er wurde mit Auszeichnungen und Preisen nahezu überschüttet, darunter auch der »Ehren-Bambi« für sein bisheriges Lebenswerk. 1999 wurde die Udo-Jürgens-Stiftung gegründet, die sich für Waisen und Kinder ohne Bezugspersonen sowie für die Förderung von Nachwuchskünstlern einsetzt.

Die Jahrtausendwende fällt zusammen mit Udos 66. Geburtstag. Da bot es sich wie selbstverständlich an, dies zum Anlass zu nehmen, an einen seiner größten Hits zu erinnern. Folgerichtig hieß seine Tournee 2000/2001 »Udo 2000 – Mit 66 Jahren, da fängt das Leben an«. Hier fungierte ich auch erstmals als örtlicher Veranstalter des Konzertes im Festspielhaus Baden-Baden.

Danach arbeitete Udo parallel an drei großen Projekten. 2002 standen fünfzehn Open-Air-Konzerte unter dem Titel »Ein Soloabend« auf seinem Programm – eines davon veranstaltete ich mit ihm auf der Galopprennbahn Baden-Baden/Iffezheim. Damit betrat Udo Neuland, denn er absolvierte ein fast dreistündiges Konzert alleine am Klavier, ohne sein Orchester Pepe Lienhard. Zum anderen arbeitete er an seinem Album »Es lebe das Laster« mit darauffolgender Tournee (2003/2004).

Das dritte Großprojekt war sein 700-Seiten-Roman *Der Mann mit dem Fagott*, der 2004 erschien, rechtzeitig zu seinem 70. Geburtstag. Udo schrieb das Buch zusammen mit Michaela Moritz. Da er damals viel unterwegs war, wurde es ein weltweites Projekt. Das Buch entstand in Zürich und Wien, an der Algarve und in München, in Moskau und New York – um nur ein paar der Stationen zu nennen. Dieser Roman ist wie ein Jahrhundertkonzert – Familiensaga und Zeitgeschichte in einem. Udo meinte dazu: »Es ist meine Familiengeschichte, die sich durch das ganze vergangene Jahrhundert zieht und auch parallel zu den politischen Ereignissen jener Zeit verläuft.

Die Geschichte meiner Familie hat mich seit meiner Kindheit geprägt und mein Weltbild entscheidend mitbestimmt, die Suche nach ihren Spuren hat mich viele Jahre begleitet. Die Idee zu diesem Buch trage ich schon beinahe mein ganzes Leben mit mir herum.« Kein Wunder, wenn man sich einmal Udos Familienchronik näher anschaut.

Seine Mutter stammte aus Schleswig-Holstein, der Vater war Landwirt und wurde in Moskau geboren. Der Onkel mütterlicherseits war der berühmte Dadaist Hans Arp. Sein Großvater väterlicherseits war bis zur Russischen Revolution 1917 Chef des deutschen Bankhauses »J.W. Junker & Co.« in Moskau. Udos Onkel Werner Bockelmann (1907–1968) war Frankfurter Oberbürgermeister und Präsident des Deutschen Städtetages. »Ich habe mich an diese große, interessante Aufgabe herangewagt und mit Michaela jede freie Minute an dem Buch gearbeitet, wo immer ich war. Während des Schreibens habe ich viel darüber nachgedacht, was ich in meinem Leben ohne die Musik gemacht hätte. In jüngeren Jahren war ich der Überzeugung, ich wäre ansonsten gescheitert. Als ich älter wurde, habe ich gemerkt, dass ich auch als Journalist oder Schriftsteller meinen Weg hätte gehen können. Ich habe festgestellt, dass mein Geist mit zunehmendem Alter gereift ist, ich viele Interessen habe und dadurch doch noch einige andere Fähigkeiten besitze. Aber zweifellos ist die Musik meine Passion, und ich habe für mich im Leben das Richtige gewählt.«

Mein persönliches Exemplar des Romans schenkte mir Udo im Juni 2005, als ich mit ihm an meinem Geburtstag im Rahmen der Sommer-Open-Air-Tournee ein Solokonzert auf der Freilichtbühne in Ötigheim veranstaltete. Danach wurde noch im Baden-Badener »Gagarin« gefeiert. Es gab wohl seit den Sechzigerjahren keinen Besuch von Udo in dieser Stadt, ohne einmal in diesem Lokal bei »Pit« reinzuschauen.

9 Udo Jürgens und Christian Simon im Baden-Badener »Gagarin« (heute »Rizzi«) nach Udos Solokonzert in Ötigheim 2005.

2006 gab's die nächste Tour, »Jetzt oder nie«, bevor ein Jahr später ein weiteres Highlight in Udos Karriere folgen sollte: Am 2. Dezember 2007 gab es im Hamburger TUI Operettenhaus die Weltpremiere des Musicals »Ich war noch niemals in New York« mit 23 Liedern von Udo Jürgens. Vor der Premiere wurden bereits 150 000 Karten verkauft, und zwei Jahre später konnte Hamburg den millionsten Besucher vermelden. Bis heute sind es in Hamburg, Zürich, Oberhausen, München, Wien, Berlin und anderen Städten über 4 Millionen Besucher, die das Musical live gesehen haben!

Neben der Musik – 2007 und 2010 gab Udo wieder seine »Soloabende« unter freiem Himmel und ging 2009 mit »Einfach ich« auf große Tournee durch 63 Städte –, spielte nun für ihn noch etwas anderes eine überaus wichtige Rolle: Sein Erfolgsroman *Der Mann mit dem Fagott* wurde verfilmt. Da er dafür der Filmproduktion als Berater zur Verfügung und auch selbst vor der Kamera stand, nahm er sich viel Zeit für dieses Projekt. Wie auch der Roman lag ihm die filmische Umsetzung sehr am Herzen.

Zu seinem 77. Geburtstag gaben ARD und ORF die Ausstrahlungstermine des Zweiteilers bekannt, der zum Fernsehereignis des Jahres 2012 wurde. Der Film erhielt den wichtigsten österreichischen Film- und Fernsehpreis »Romy«, wurde im »Museum of Modern Art« in New York gezeigt und bekam den »Deutschen Fernsehpreis«.

Gleichzeitig feierte Udo unglaubliche Erfolge auf seiner Tournee »Der ganz normale Wahnsinn«. 2013 erhielt er in der Kategorie »Lebenswerk« erneut einen Bambi, und bei Madame Tussauds in Wien wurde eine Wachsfigur von ihm enthüllt. Da am 30. September 2014 der 80. Geburtstag ins Haus stand, überschlugen sich die Ehrungen und Auszeichnungen. Die GEMA verlieh Udo den »Deutschen Musikautorenpreis« und begründete dies wie folgt: »Mit dem diesjährigen Preis für das Lebenswerk ehrt die Jury das Schaffen eines Musikers, der seit fünf Jahrzehnten die deutsche Musikszene prägt und beispiellose Erfolge verzeichnet. Als Komponist und Textdichter ist es Udo Jürgens gelungen, unvergessliche Melodien mit mal heiteren, mal nachdenklichen und philosophischen Texten zu vereinen.« Das ZDF wie auch das Österreichische und Schweizer Fernsehen strahlten die Eurovisions-Geburtstagssendung »Udo Jürgens und seine Gäste« aus, die gleichnamige CD erschien ebenso wie Udos 53. Album »Mitten im Leben«.

Kurz vor seinem Geburtstag sagte er auf die Frage, wie es weitergehe: »Wir alle haben einen letzten Tag. Man muss bereit sein, damit umzugehen, und das fällt mir nicht leicht. Ich wünsche mir, dass ich das tolle Leben mit Musik noch weiterleben kann. Neue Lieder schreiben, ins Studio gehen, Gedanken zum Klingen bringen ... und dann kommt der Moment, wo man sich sagt, diese Lieder müssen raus auf die Bühne!« Und genau das tat er und ging auf seine 25. Tournee »Mitten im Leben«. Im Rahmen dieser Konzertreise veranstaltete ich am 27. Oktober 2014 mein 9. Tournee-Gastspiel mit Udo im Festspielhaus Baden-Baden. Wie immer restlos ausverkauft!

Beim Soundcheck legte er den Arm um mich, führte mich über die Bühne und erklärte mir stolz sein Opening, das auf einer LED-Wand alle Stationen seiner Karriere auf einer Weltkugel und die jeweilige Tournee-Stadt am Ende zeigte. »Das war Michaelas Idee«, schwärmte Udo und winkte seiner Lebensgefährtin zu, die ganz alleine in der ersten Reihe saß und alles genau beobachtete. »Sie passt auf mich auf ...«

Michaela Stadlbauer hatte mit ihren Eltern schon als Kind Kontakt zu Udo. Die Öffentlichkeit wurde auf sie aufmerksam, als sie unter dem Pseudonym Michaela Moritz als Udos Biografin zum Roman *Der Mann mit dem Fagott* in Erscheinung trat. Worüber anfangs nur getuschelt wurde, war mittlerweile kein Geheimnis mehr – Michaela war seit einigen Jahren Udos Lebensgefährtin. In ihr hatte Udo eine Vertraute gefunden, mit der er »zur Ruhe kam«, wie er sich ausdrückte. Ein Treffen auf gleicher geistiger Höhe, gute Gespräche, Gedankenaustausch, Erkenntnisgewinn – das war Udo wichtiger geworden als Leidenschaft und vergängliche Liebe. »Zur Zeit wohnen wir noch in Gottlieben«, erzählte er mir, »aber im Frühjahr ziehen wir wieder in die Nähe von Zürich.« Udo hatte sich in Meilen eine alte Villa mit Seeblick gekauft. »Wir bauen um und es ist noch nicht alles fertig.« Michaela hielt sich zwar an diesem Nachmittag stets im Hintergrund, war aber immer zur Stelle, wenn es in irgendeiner Form um Udo oder seinen Auftritt ging.

Am Abend fand dann ein grandioses Konzert statt. Udo war in Bestform! Doch zum ersten Mal gab es nach den Zugaben keine Autogramme mehr auf der Bühne und keinen Empfang der »Jubelperser« in der Garderobe. Udo wollte seine Ruhe und lud meine Frau Moni und mich noch zum Abendessen ins »Brenners Parkhotel« ein. Es war nur ein sehr kleiner Kreis guter Freunde und Begleiter, der sich dort völlig ungestört in einem kleinen Saal des Hotels an einem Tisch traf: Neben Udo und Michaela saßen sein Bandleader und enger Freund Pepe Lienhard, sein langjähriger Produzent Peter Wagner, sein Tournee-Assistent Dmitri Kuschnir, sein Fahrer und seine Physiotherapeuten.

Udo schaute in die Speisekarte und ließ sich von Michaela beraten. Dann bestellte er für sich Coq au vin und einen guten Rotwein. Er sprach über das Konzert, machte Verbesserungsvorschläge, spitzte die Lippen und scherzte über die Art, wie sein Manager Freddy Burger Rotwein trank, lachte über die davon blau werdenden Zähne und schwärmte von gutem Essen und Trinken. Irgendwann schaute er intensiv zu meiner Frau und mir, versank kurz in Gedanken und sagte dann: »Mensch, Alter, was haben wir schon alles zusammen erlebt!« Ja, das war eine Menge! So etwas ergibt sich fast wie von selbst, wenn man sich 40 Jahre nicht aus den Augen verliert, freundschaftlich miteinander verbunden ist und private sowie berufliche Dinge zusammen »durchzieht«. Gegen ein Uhr nachts verabschiedeten wir uns mit einer festen Umarmung und einem Kuss auf die Wange. »Bleib gesund und pass auf dich auf!« waren meine letzten Worte, während er mich noch umarmte. Es war ein Abschied für immer.

Am 21. Dezember 2014 starb Udo Jürgens völlig überraschend während eines Spazierganges in Gottlieben am Bodensee an Herzschwäche. Zuvor war er noch mit Michaela und seinem Privatchauffeur, Percussion-Bandmusiker und Freund Billy Todzo sowie mit Hund »Lucky« bei seinem Stamm-Italiener zum Frühstück gewesen. Danach wollte er noch etwas an die frische Luft und schlenderte über die Seepromenade, als er plötzlich kurz vor seinem Haus zusammenbrach. Billy rief den Notarzt und versuchte noch, Udo mit einem Defibrillator wiederzubeleben ... Auch in der 10 Kilometer entfernten Klinik in

Münsterlingen konnten die Ärzte Udos Leben nicht mehr retten.

Was mir wohl keiner so richtig glauben mag: Am 21. Dezember hatte ich um die Mittagszeit ein beklemmendes, komisches Gefühl und musste immer wieder an Udo denken. Gegen 18 Uhr erreichte mich telefonisch die Nachricht von seinem Tod. Bis heute fühle ich immer noch unsere letzte Umarmung ... und mir kommt immer wieder ein Lied von ihm ins Gedächtnis: »Dann kommt der große Abschied von der Zeit, es gibt kein Wiedersehen, war sie auch noch so schön ...«

2.

Wer nie verliert,
hat den Sieg nicht verdient

VOM TINGELN ZUM ERFOLG

*Wer niemals leidet,
kann sich auch nicht freu'n
und wer nie stürzt,
wird sich nie erheben.
Doch wer sich treu bleibt,
hat nichts zu bereu'n.
Wer nie verliert,
hat den Sieg nicht verdient.*

Udo Jürgens war ein Besessener. Sein ganzes Leben drehte sich nur um das eine – seine Musik, seine Lieder, seine Karriere. Dafür gab er alles ... und das war viel! Das ewige Streben nach dem noch Besseren ließ ihn nie zur Ruhe kommen. Die Erwartungen, die er an sich selbst stellte, waren sehr hoch. Udo setzte sich ständig unter Druck. War ein Ziel erreicht, hatte er bereits das nächste im Auge. Arbeiten auf der Basis höchster Professionalität war seine Devise. Dies war wohl auch der Schlüssel zu seinem über so viele Jahrzehnte anhaltenden, fast unglaublichen Erfolg.
Udo wurde allerdings nichts geschenkt. Er erkannte sein Talent und kämpfte sich von ganz unten an die Spitze der europäischen Unterhaltung. Dabei vergaß er nie seine Anfänge und verlor auch nicht den Bezug zur Realität. Er sprach von seinen Wurzeln, die seinem Leben immer wieder festen Halt gaben. Doch lassen wir ihn selber erzählen.

 Am Anfang meiner künstlerischen Laufbahn hatte ich überhaupt keine Macht und oft auch keine Kraft. Ich habe kaum gewusst, wovon ich mein Essen bezahlen sollte. Da war ich froh, wenn mich einer engagiert hat. Ich hatte eine eigene

Band, habe zeitweise auch in Tanzkapellen gespielt, und meine Engagements waren mitunter in ziemlich armseligen Kneipen. Ich konnte nicht das tun, was ich wollte. Ich musste mich dem Diktat der Mächtigen beugen, um überhaupt leben zu können.

Die Mächtigen, das waren die Schallplattenfirma und der Produzent, der mich an und in der Hand hatte. Weil ich ein Niemand war, der seine Miete mühsam zusammenkratzen musste, habe ich natürlich alles gesungen, was die mir vorgelegt haben. Es kamen unsägliche Platten von mir auf den Markt. Ich kann sie nicht mehr hören! Aber das kommt dabei heraus, wenn man als Anfänger in ein Schallplattenstudio kommt ... Da sitzt ein Produzent, der marktbeherrschend ist und dir sagt, du sollst mit voller Stimme so wie Freddy Quinn singen. Man wird buchstäblich vergewaltigt, und du musst musikalisch etwas tun, das dir weder liegt noch was du singen möchtest. Aber man tut es eben, weil man sein Geld verdienen muss. Und dann wird so ein Mist veröffentlicht.

Mein großes Glück war, dass ich mit dieser »Peppino-Musik« keinen Erfolg hatte – darüber bin ich heilfroh. Wenn ich den gehabt hätte, würde es einen Udo Jürgens heute nicht mehr geben. Unter Umständen hätte ich zwar kurzfristig schnelles Geld in der Hand gehabt, aber meinen wahren Weg hätte ich wohl nicht gefunden. Ich hätte geglaubt, mit diesen verlogenen Liedern weitermachen zu müssen. Dann wäre ich unter die Räder gekommen. Solche Beispiele gibt es viele, und ich könnte Namen aufzählen ... Talente, die ich kennengelernt habe, die an der Abhängigkeit von der Industrie kaputtgegangen sind.

Rückblickend kann ich sagen: Gott sei Dank war das damals kein Erfolg, aber ich konnte wenigstens halbwegs leben.

Später konnte ich mich dann durchsetzen und meine eigenen Lieder singen. Das war mit Ende zwanzig. Mit Liedern wie »Jenny« oder »Siebzehn Jahr, blondes Haar« begann die Ära, wo ich nur noch das gesungen habe, was ich wollte. Das war dann auch der Weg zum Erfolg! Vorher war ich fast so weit, mit dem Singen aufzuhören, weil ich diesem Druck von Vorgaben nicht mehr standhalten konnte! Als ich dann finanziell etwas unabhängiger war, konnte ich sagen, ich singe nur noch meine eigenen Sachen oder ich singe überhaupt nicht mehr. Die wollten aber unbedingt noch eine Schallplatte mit mir machen. Da habe ich gesagt: »Okay, ich hab's zehn Jahre lang gemacht, dann mache ich's jetzt noch einmal. Aber nur, wenn ich selber meine Lieder schreiben kann.«

Diese Forderung konnte ich mir erlauben, weil ich zu der Zeit als Komponist für Shirley Bassey und für einige andere internationale Künstler relativ erfolgreich war. Eigentlich war ich sogar sehr erfolgreich, denn ich hatte zwei Nummer-eins-Hits in der amerikanischen und englischen Hitparade. Ich hatte zwei große Welterfolge geschrieben und konnte von den Tantiemen gut leben. Plötzlich hatte ich zehntausend Mark auf dem Konto. So viel Geld hatte ich noch nie in meinem Leben besessen, das war für mich damals ein Vermögen. Mit diesen zehntausend Mark konnte ich Nein sagen. Das habe ich mir dann auch erlaubt und gesagt: »Freunde, ich sing diesen Scheißdreck nicht mehr. Ihr seid die Polydor, die Deutsche Grammophon – das Milliardenunternehmen. Aber ihr könnt mich nicht mehr dazu zwingen. Schmeißt mich raus aus dem Vertrag, aber ich singe euren Schrott nicht mehr. Wollt ihr mit mir weitermachen, dann nur mit meinen eigenen Liedern.«

Das war eine klare Aussage, aber auch ihre Antwort war unmissverständlich: »Nein, wir machen nicht mit Ihnen weiter, Herr Jürgens. Sie sind gefeuert.« Ich hatte noch acht Lieder im Vertrag mit der Polydor, auf die sie aber nicht mehr bestanden und mich natürlich auch nicht mehr dafür bezahlt haben. Ich bin etwa ein Jahr vorzeitig aus dem Vertrag ausgeschieden, weil das Geld, das ich nun besaß, mich dafür stark genug machte.

Dann haben neue Partner die Hand nach mir ausgestreckt. Die französische Schallplattenfirma Vogue wollte mich unter Vertrag nehmen. Das war so weit okay. Doch bevor wir uns überhaupt an einen Tisch gesetzt und verhandelt haben, habe ich den Leuten von Vogue klipp und klar gesagt: »Ich singe nicht, um nur den Mund aufzumachen! Diese Art von Singerei finde ich blöd. Glaubt nicht, dass ich dieses Handlangerdasein weitermache, dass ich mich hinstelle und unausgegorene Gedanken von irgendwelchen Textdichtern und Komponisten in die Rillen brülle. Das kommt nicht infrage, dann weigere ich mich. Wenn ihr mich haben wollt, dann müsst ihr den Komponisten, Texter und Sänger Udo Jürgens verpflichten.«

Damit traf ich bei der Vogue genau ins Schwarze. »Eben das wollen wir«, war die Antwort. »Was anderes interessiert uns überhaupt nicht. Ihre Lieder wurden in Amerika von Weltstars interpretiert, Sie haben Riesenhits. Wir würden niemals auf die Idee kommen, Ihnen fremde Kompositionen zu schicken.« Dieser Weg hat dann funktioniert. Von der ersten Platte an hat sich der Erfolg eingestellt! Die hieß »Tausend Träume« und war Nummer eins in Österreich, ein Riesenerfolg.

Die zweite Single war »Warum nur, warum«, die dritte »Sag ihr, ich lass sie grüßen«, die vierte »Merci, Cherie«, dann kam »Siebzehn Jahr, blondes Haar« und so weiter. Von Platte zu Platte auf der Erfolgsspur. Das war der Beginn meiner Ära. Und das alles war nur möglich, weil ich im richtigen Moment die Notbremse gezogen und erkannt hatte, dass ich mir mit diesen zehntausend Mark im Rücken meine musikalische und künstlerische Freiheit kaufen konnte. Und ich kann es nicht oft genug wiederholen – meine Freiheit hieß nicht mehr diesen Krampf von Hillbilly und »Komm ein bisschen mit nach Italien« singen zu müssen, obwohl ich schon Kompositionen wie »Warum nur, warum« oder »Jenny« in der Schublade hatte. Der neue Weg war meine Befreiung!

Allerdings muss ich zugeben, dass ich mich auch an einige ältere Lieder sehr gerne erinnere. Ein gutes Beispiel dafür ist »Siebzehn Jahr, blondes Haar«, das ich 1965 aufgenommen habe. Damals kam gerade der Tamla-Motown-Beat auf. »Stop! In The Name Of Love« von den Supremes und ähnliche Nummern hatten einen Rhythmus, der mich inspiriert hat. Das war für Deutschland damals noch progressiv. Ich glaube, dass in »Siebzehn Jahr …« auch heute noch eine Menge Substanz steckt und es immer wieder aktuell umzusetzen ist. Mittlerweile habe ich es viermal in unterschiedlichen, jeweils aktuellen Sounds aufgenommen. Es gibt auch eine Disco-Version, die über vier Minuten lang ist. Es war schon damals in seiner Struktur ziemlich modern und hätte genauso gut heute komponiert werden können. »Siebzehn Jahr, blondes Haar« ist ein Lied für die Ewigkeit, das erstaunlicherweise aus meiner Anfangsphase stammt.

Diese frühen Tage waren für mich auch sehr entscheidend! Es ist die Wurzel, die man irgendwann mal tief in den Boden gegraben hat und die den Baum hält, der heute im Sturm stehen bleiben soll. Meine Wurzeln zu dem Baum meines Lebens sind die Tage, an denen ich in Pittsburgh/USA oder in irgendwelchen mehr oder weniger obskuren Jazzclubs für ganz wenig Geld gespielt habe, um gerade mal existieren zu können. Ich glaube, das Entscheidende ist, dass ich diese Zeit, in der ich von ganz unten angefangen habe, nicht vergessen kann. Ich weiß, dass der Weg von unten nach oben und von oben nach unten keine Grenze kennt. Ich bin nicht auf einen fahrenden Zug aufgesprungen, ich habe mich wirklich aus dem Stand in Bewegung gesetzt – das ist heute für mich ein fundamentales Wissen und ein Erfahrungsschatz, auf den ich bauen kann. Meine Wurzeln sitzen eben tief im Boden.

3.

Ich war noch niemals in New York
UDO IN AMERIKA

Amerika hatte für Udo Jürgens eine besondere Bedeutung. Zum einen waren es seine Studentenzeit und die Erfahrungen als unbekannter Musiker im Land der unbegrenzten Möglichkeiten, zum anderen seine späteren Eindrücke vom amerikanischen Showbusiness. Seinen ersten großen Erfolg als Komponist hatte er in den USA und weltweit mit dem Song »Reach For The Stars« für Shirley Bassey, später mit Aufnahmen von Matt Monroe und Sammy Davis Jr.
Udo reiste oft in die Staaten. Er lernte Land und Leute kennen, besuchte die Shows in Las Vegas und tourte später selber mit dem Orchester Pepe Lienhard durch deutsche Clubs in Nordamerika und Kanada. Dabei begeisterte er sogar die amerikanischen Konzertbesucher mit seinen Liedern, seiner charismatischen Persönlichkeit sowie seiner intensiven Bühnenpräsenz. Eine Zeit lang träumte er auch von einer Karriere in den USA, doch dann siegte wieder sein Sinn für die Realität. Er konzentrierte sich voll und ganz auf sein deutschsprachiges Publikum, obwohl ihm mit dem in Amerika produzierten, englischsprachigen Album »Leave A Little Love« ein internationaler Erfolg gelang. Udo wusste, welchen Weg er zu gehen hatte. Vorausschauend erschien ihm die Gefahr, seine hart erarbeitete Karriere in Europa durch lange Aufenthalte in den USA zu vernachlässigen, zu groß. Diese Ent-

scheidung erwies sich im wahrsten Sinne des Wortes als goldrichtig, zählt man die vielen Goldenen Schallplatten, die er als deutschsprachiger Musiker in vier Jahrzehnten entgegennehmen durfte.
Bei vielen meiner Begegnungen sprach Udo über seine USA-Besuche, erzählte von seinen dortigen Erlebnissen und wie schwer es war, sich anfangs als ›No-Name-Musiker‹ durchzuschlagen ...

Das waren harte, aber auch wunderbare Zeiten! Ich bin im Zuge eines Austauschprogramms nach Amerika gegangen und war als Student an der »Alfred University« in New York eingeschrieben, einer Hochschule mit Musikfakultät. Nachdem ich eine Weile dort gewesen war, habe ich noch ein paar Monate drangehangen und bin gewissermaßen wie ein Tramp mit anderen Studenten aus Marokko und Österreich durch Amerika gezogen, ungefähr 25 000 Kilometer.
Zum Leben hatten wir nur ein paar Cent. Wir haben uns ausgerechnet, dass wir pro Person einen Dollar pro Tag für Verpflegung ausgeben konnten. Aus diesem Grunde konnten wir uns auch keine Hotels leisten und haben in Schlafsäcken im Freien übernachtet. Dass ich natürlich in dieser Zeit unheimlich lustige, aber zeitweise auch unangenehme Erfahrungen gemacht habe, ist ganz klar.
Ich habe wie ein Penner in San Francisco auf einer Parkbank geschlafen und musste auf der Hut sein, dass

mich die Polizeistreifen, die den Park nachts nach Tagedieben und Wegelagerern absuchten, nicht hops nahmen. Aber auch dunkle Gestalten trieben sich im Park herum. Ich musste aufpassen, von diesen kriminellen Elementen nicht eins über den Kopf zu kriegen und um meine letzten Dollars beraubt zu werden. Man musste eigentlich vor jedem flüchten, der einem nachts im Park begegnete. Deshalb haben wir uns wirklich immer versteckt und wochenlang so gelebt.

Dazu kam, dass ich nicht in der Musiker-Gewerkschaft war und nur »schwarz« arbeiten konnte. Das habe ich dann auch eine Zeit lang getan und bin beispielsweise oft in einem damals sehr renommierten Jazzclub in Pittsburgh/Pennsylvania aufgetreten. Für mich war es das pure Glück, dort mit wahnsinnig guten Musikern zu spielen. Dafür gab's was zu essen, und manchmal hat mir der Chef des Lokals auch einen Zehn-Dollar-Schein in die Hand gedrückt. Das war übrigens ein Club, in dem ausschließlich schwarze Musiker spielten und neunzig Prozent des Publikums Schwarze waren. Als Weißer war ich da eine Ausnahmeerscheinung.

Für mich als junger Musiker war das natürlich eine unheimlich interessante und abenteuerliche Zeit. Da bekommt man auch einen Weitblick fürs Leben und Menschenkenntnis. Man lernt nach besten Möglichkeiten zu überleben. Da werden Instinkte gewissermaßen wachgerüttelt und reaktiviert, die man hier im normalen täglichen Leben gar nicht braucht. Diese Zeit in Amerika hat mich sehr geprägt und ihre Spuren in mir hinterlassen, auch musikalisch.

Ich verkehrte in der New Yorker Subkulturszene in Greenwich Village, im Underground sozusagen. In den vornehmen Copacabana-Club bin ich so gut wie nie gegangen, wie auch ... Nur einmal war ich drin, so stehend an der Bar in einem geliehenen Anzug und mit meinen letzten Pfennigen für einen Drink. Ich wollte einfach mal wissen, wie das so war im Copacabana, und hören, welche Musik da gespielt wurde. Der Laden war damals total bekannt und einer der berühmtesten Mafia-Clubs in New York. Da saßen die großen Mafiabosse, es war der Treffpunkt der ganzen Unterwelt. Aber auf der anderen Seite eben auch ein sehr eleganter Club. An dem Abend, als ich dort war, spielte Maynard Ferguson, ein grandioser kanadischer Jazz-Trompeter. Für mich war das natürlich ein unglaubliches Erlebnis.

Ansonsten gab es in Greenwich Village zu der Zeit viele Künstler-Underground-Clubs, in denen progressive Musik gespielt wurde, schon mit Ansätzen zum Free Jazz. Gewohnt habe ich damals in der Bronx, einem Stadtteil an der Grenze zu Harlem und dem Puerto-Ricaner-Viertel, wo nur Schwarze lebten und man als Weißer kaum alleine auf die Straße gehen konnte. Das war die Zeit der Westside-Story, der totalen Rassenunruhen und dieser jugendlichen Gangs, wie sie im Musical beschrieben werden. Das habe ich quasi alles live erlebt.

Ich hatte einen farbigen Freund. Er hieß Julius Jumpers und war Mitglied in einer Gang. Ich konnte nur aus dem Haus gehen, wenn er und seine Freunde mich beschützten. Da habe ich auch die Erfahrung gemacht, was es heißt, Freunde in der Nachbarschaft zu haben ... Übrigens hatte ich damals auch eine farbige Freundin, die ebenfalls zu dieser Clique gehörte. Ich bin mit ihr in die Kirche gegangen und habe zum ersten Mal erlebt, wie Farbige ihre Gottesdienste abhalten. Das sind demonstrative, aggressive Appelle an die Seelen der Menschen. Das ist ein Happening, ein musikalisches Ereignis und nicht so ein Weihrauchkult wie bei uns. Da wird man mitgerissen und alle werden zum Mitmachen, zum Mitsingen animiert! Ich habe das alles sozusagen an der Quelle erleben dürfen – nicht als Tourist, der sich das für Geld einmal anschaut, nein, als ein armes Schwein, das genauso wenig hatte wie seine Freunde links und rechts von ihm.

Diese Zeit in der Bronx war und ist von großer Bedeutung für mich. So richtig gespürt habe ich es, als ich die Bronx verlassen musste. Dieser Abschied ist ein Erlebnis, das ich mein Leben lang nicht vergessen werde. Die Abfahrt des Busses, mit dem ich damals von New York nach Montreal fuhr, war nachts um ein Uhr von der Greyhound-Station. Als ich dort ankam, erwarteten mich weit über dreißig Leute. Das waren die schwarzen Familien aus meiner Nachbarschaft mit ihren Kindern, Jumpers mit seinen Freunden und ein paar Musiker. Manche hatten ihre Gitarren dabei und sangen und spielten irgendwas. Das war unglaublich. Ich bin von einem zum anderen gegangen und habe mich verabschiedet. Manche haben geweint, und auch ich habe mit den Tränen gekämpft. Alle haben mich umarmt.

Das war zu einer Zeit, als es in New York die bösesten Anfeindungen vonseiten der Weißen gegen die Farbigen gab. Ich erinnere mich gut an eine Straßenszene, die man in ihrer Aggressivität und Brutalität kaum beschreiben kann. Links von mir ging Jumpers, rechts meine farbige Freundin Adriane, die sich bei mir eingehängt hatte. Wir gingen die Straße entlang, als plötzlich ein Amischlitten eine Vollbremsung hinlegte. In dem Wagen saßen ein paar kurzgeschorene weiße Amerikaner, so feiste militante Typen. Rechtsradikale wahrscheinlich ... Die schauten zu uns rüber und fuhren ein Stück weiter. Dann legten sie den Rückwärtsgang ein, hielten bei uns an, kurbelten die Scheiben hinunter und brüllten mich an: »Niggerfucker!« Zeitweise war es damals wirklich ziemlich gefährlich. Wenn ich rückblickend darüber nachdenke, hätte ich oft leicht in Schwierigkeiten kommen können. Aber ich habe

10 Die Zeit in den USA prägte Udos Schaffen nachhaltig.

Schwein gehabt, mir ist glücklicherweise nie etwas passiert.

Auf jeden Fall habe ich in den Staaten unglaublich viel Interessantes gesehen, gehört und tief empfunden. Zu dieser Zeit war ich Anfang zwanzig ... 1977, also gut zwanzig Jahre später, habe ich meine erste Tournee durch Amerika und den Osten Kanadas gemacht, die allerdings mit einer normalen US-Tournee nicht zu vergleichen ist. Ich bin zum Teil in deutschen Clubs aufgetreten, was nicht repräsentativ für das amerikanische Showbusiness ist. Aber ich habe mich dort auf der Bühne zusammen mit dem Orchester Pepe Lienhard genauso präsentiert wie hier und bin damit beim amerikanischen Publikum besonders gut angekommen.

Auf dieser Konzertreise ist mir außerdem noch ein gravierender Unterschied zu Europa bewusst geworden. Wir haben bei uns, insbesondere in Deutschland, kein Forum für Anfänger, keine Plattform, auf der man sich profilieren kann. In Amerika gibt es überall Nightclubs mit Performance. In jeder Stadt gibt es Lokale, in denen sich ein Künstler jahrelang das Rüstzeug für seine Karriere holen kann. Er kann von der Pike auf lernen, kann üben, wie man sich auf einer Bühne bewegt, und die Reaktion des Publikums testen.

Der Fehler in Deutschland ist es, dass jeder, der ein bisschen singen kann, zuerst mal eine Schallplatte macht. Dann kommt er ins Fernsehen und wird vor ein Millionenpublikum gezerrt, hübsch angezogen und schön gekämmt. Der Manager sagt ihm, wie er sich bewegen soll. Dabei hat ein neuer Künstler noch gar kein Gefühl fürs

Publikum, stellt sich hin und singt sein Lied – und die Leute sehen seine Unsicherheit. Er wirkt nicht glaubhaft. Das Resultat ist meist das gleiche: Nach einem halben Jahr verschwindet besagter Künstler wieder von der Bildfläche. Ich bin der Meinung, man muss sich zuerst seine Sporen verdienen, die Hörner abstoßen und dort seine Fehler machen, wo die Reaktionen noch überschaubar sind ... und nicht vor einem Millionenpublikum.

Doch zurück zur US-Tournee, die mir sehr viel Freude gemacht hat. Danach wurde ich immer wieder gefragt, ob ich nicht auch drüben eine Karriere anstreben wolle, doch das blieb immer ein Traum. Das sehe ich sehr, sehr realistisch. Ich habe so viele US-Einladungen bekommen, wie wohl wenige Sänger, die in Deutschland Schallplatten aufnehmen. Früher bekam ich einen roten Kopf und heiße Ohren, wenn jemand über Amerika gesprochen hat. Dann bin ich gleich durchgedreht, weil ich die Realitäten noch nicht kannte. Mittlerweile war ich so oft in den Staaten und bleibe heute ganz gelassen, wenn ich etwas von einer Karriere in Übersee höre. Ich bin jetzt fünfundvierzig und damit ist es zweifellos auch ein paar Jahre zu spät. Um in den USA Karriere zu machen, müsste ich pro Jahr mindestens sechs Monate dort leben und arbeiten. Das ist die Bedingung meines US-Agenten. Dieses Opfer bin ich nicht mehr bereit auf mich zu nehmen. Ein halbes Jahr weg von Europa würde bedeuten, dass ich hier viel von den Dingen aufgeben müsste, die ich mir mühsam aufgebaut und erarbeitet habe.

Jahrelang habe ich mich auf meine Karriere in Europa konzentriert, die dann sogar bisweilen über die Grenzen nach Südamerika, Südafrika, Australien und Japan hinausgeschwappt ist. In den USA und Europa aufzutreten würde bedeuten, dass ich wie ein Wahnsinniger arbeiten müsste, was ich nicht möchte. Ich arbeite sowieso immer zu viel und sollte es nicht übertreiben. Dazu muss man auch eines ganz klar sehen: wirklich Karriere machen in den USA immer nur Amerikaner oder Engländer, Leute aus dem englischen Kultur- und Sprachraum. Alles andere waren nur Blitzkarrieren für ein oder zwei Jahre.

Die Opfer, die uns das amerikanische Showbusiness abverlangt, sind immens. Die Methoden dort sind außerordentlich hart und für uns ungewohnt. Ich würde sogar sagen, zum Teil sind es Mafia-Methoden – Bestechung und Korruption sind dort drüben vollkommen normal. Aber solche Begriffe kennen die amerikanischen Showleute und US-Manager gar nicht. So etwas läuft dort unter dem Deckwort »Promotion«, also ganz normale PR. Wenn ich zum Radiosender gehe und dem Discjockey unterm Tisch ein paar Scheine zustecke, dann gilt das als Promotion. Die großen Firmen haben sogar einen Schmiergeld-Etat und nennen es Promotion-Etat. Wer mit solchen Methoden leben möchte, der soll es tun. Ich jedenfalls möchte es nicht. Das spreche ich ganz klar und unmissverständlich aus.

Da ich in Amerika mit einigen meiner Kompositionen erfolgreich war, träumte ich natürlich auch einmal von einem Auftritt in Las Vegas. Es gab sogar Angebote von Sammy Davis Jr. und Manhattan Transfer. Der Manager der Gruppe ist extra aus New York nach Zürich geflogen, um das mit uns zu besprechen. Zuweilen lief das auch ganz gut, und einmal waren wir schon kurz vor einer Vertragsunterzeichnung. Trotzdem bin ich immer ganz cool geblieben und habe mir gesagt: Im Grunde glaube ich nicht so richtig daran, und es ist mir auch nicht so wichtig. Wichtig ist, dass meine Lieder ab und zu drüben von Leuten wie Shirley Bassey oder Sammy aufgenommen werden, ich von Zeit zu Zeit rüber fliege, mich dort am internationalen Musikgeschäft orientiere und auch mal in deutsch-amerikanischen Clubs auftrete. Das ist immer ganz lustig und macht Spaß. Es kommen auch viele Amerikaner und ich merke, dass die teilweise noch begeisterter sind als die Deutschen. Es ist fantastisch, vor amerikanischem Publikum aufzutreten, es ist einfach wunderbar.

Einige meiner Lieder möchte ich auch noch in englischen Versionen aufnehmen, ein schönes Album daraus machen und es in England und Amerika veröffentlichen. Aber auf Las Vegas und solche Dinge mache ich mir keine allzu großen Hoffnungen. Wenn sich mal was ergeben sollte, freue ich mich, aber wie gesagt, das muss man realistisch sehen.

Und noch etwas: Wenn du in den USA einen Hit landest, hast du einen Welthit. Das darf man nicht vergessen! Wenn du Deutsch singst und einen Hit landest, hast du ihn nur in Deutschland. Es ist schon schwer, den Song nach Österreich oder in die Schweiz rüberzuziehen. Bei Holland und Schweden wird es fast unmöglich. Von anderen Ländern wie Frankreich oder England wollen wir gar nicht erst reden – da geht so gut wie nichts. Die internationale »Musiksprache« ist nun mal Englisch. Wenn du also auf Englisch einen Hit in Amerika oder England hast, ist die Chance sehr groß, diesen Song auch in allen europäischen Ländern, in Japan und Australien zu platzieren. Mit anderen Worten: Mit zwei Hits in Amerika kannst du innerhalb eines Jahres zum Weltstar werden, aber genauso schnell wieder vergessen sein. Das ist der Veitstanz auf dem Vulkan.

Amerika ist für mich nach wie vor ein unerhört interessantes Land und das Mekka des Showbusiness. Da kommt auch England nicht mit. Amerika wird für unsere Szene immer das richtungsweisende Land bleiben. Das liegt an der Bevölkerungsstruktur, an den sozialen Problemen des Landes, die wiederum Kreativität bewirken. Auch die Rassenprobleme fördern die Kreativität in der schwarzen Bevölkerung, die sich in Musik ausdrückt. Das ist mit ein Grund dafür, warum die amerikanische Musik weltweit so stark ist. Ich würde sagen, New York ist das Kulturzentrum der Welt, mehr als Paris oder London. Los Angeles ist hingegen der Mittelpunkt der Popmusik. Man darf aber nicht den Fehler machen und Amerika nach diesen beiden Städten beurteilen.

Als ich in den deutschen Clubs gespielt habe, sah ich auch die andere Seite der USA – Großstädte wie Detroit, Cleveland und Milwaukee. Da sah ich neben der Brutalität auch den trostlosen und erschütternden Verfall der Städte. Das hat auf mich einen sehr deprimierenden Eindruck gemacht. Ich habe jedes Jahr alle großen Shows besucht. Am Broadway die Theaterstücke und in Las Vegas die Konzerte. Dort habe ich übrigens einen der letzten Auftritte von Elvis Presley gesehen. Für mich ist es wichtig, diese großen Künstler auf der Bühne erlebt zu haben.

Da merkt man, wie unvorstellbar professionell in Amerika gearbeitet wird. Das Know-how und der ganze Background sind einfach umwerfend! Die Künstler sind aus einer riesigen Volksmasse ausgewählt und top talentiert.

Aber ich habe festgestellt, die kochen auch nur mit Wasser. Und dennoch, aus vielem, was man dort sieht, kann man lernen, und meine Arbeit hier wird davon beeinflusst. Aber ich sehe mich deswegen nicht als »amerikanisiert«. Ich bin eher stolz darauf, eine Musik geprägt und einen Sound geschaffen zu haben, der von anderen nachgemacht wird. Mein »Merci, Cherie« mit den aufgeteilten Klavierakkorden vor einem Streicher-Hintergrund ist buchstäblich weltweit kopiert worden. Ja, ich bin stolz, einen europäischen Sound kreiert zu haben. Ich habe deswegen in den USA mit meinen Kompositionen wie »Walk Away« Erfolg, weil es eben nicht amerikanische Abklatsch-Lieder sind, sondern weil sie einen gewissen europäischen Charme haben.

Da fällt mir noch eine kleine Geschichte ein. Ich hatte schon lange einen deutschen Text von Miriam Francis in den Händen und habe ihn eine Weile mit mir herumgetragen. Die Titelzeile hieß »In dieser Stadt bin ich nicht zu Haus«. Ich habe aber keine Komposition dazu gemacht, weil mir der Refrain fehlte. Dann war ich zusammen mit meinem Bruder Manfred in den USA. An einem Tag waren wir außerhalb von Los Angeles in einem Stadtteil, der einer Satellitenstadt gleichkam – von Betonklotzbauten geprägt. Ein Ort, an dem man sich nicht gerade wohlfühlt. Dort trafen wir einen Bewohner, der uns sagte, dass er auch lieber woanders wohnen würde und meinte wortwörtlich: »This town is not my Home.« Da fiel mir sofort ein, dass diese Zeile genau zu dem Text von Miriam passen würde: »In dieser Stadt bin ich nicht zu Haus, wir haben uns nichts zu sagen …«. Zu Hause habe ich es dann zusammengebaut, halb Englisch und halb Deutsch. So entstand der gleichnamige Song, sozusagen ein Mitbringsel meiner Amerikareise.

4.

Noch drei Minuten

DIE KONZERTE, DIE BÜHNE UND DAS PUBLIKUM

*Noch drei Minuten,
dann geht der Vorhang auf,
gleich steh' ich auf der Bühne,
das Spiel nimmt seinen Lauf …*

Für die RTL-Tournee-Dokumentation »UDO '75« war ich erstmals mit Udo und der Crew einige Tage zusammen »on the road«. Danach traf ich ihn bei vielen Konzerten und Galas und verstand immer mehr, was er empfand, wenn er über seine Arbeit auf der Bühne sprach. Udo Jürgens liebte seine Tourneen und erzählte gerne von seinen Erlebnissen.

Auf jeder Konzertreise machte er neue Erfahrungen, erkannte glasklar die Stärken und Schwächen und nutzte diese Erkenntnisse für seine zukünftige Arbeit. Er war ein selbstkritischer Künstler mit dem Drang zur Perfektion. Besonders intensiv erlebte ich Udo, als ich sein örtlicher Konzertveranstalter in Baden-Baden war. Von 2000 bis zu »Mitten im Leben«, seiner letzten Tournee 2014, durfte ich auf diese Weise seine Konzerte begleiten und unterstützen.

Für mich war es auch beeindruckend, wie er kleine Pannen oder Unzulänglichkeiten überspielte und in den Griff bekam. Bei einem Konzert in Karlsruhe war einmal aufgrund eines Fehlers im Saalplan die erste Reihe meterweit von der Bühne entfernt. Für Udo war das die Hölle, denn er brauchte den direkten Kontakt zu seinem Publikum. Mit ein paar Sprüchen wie »Hätte ich das gewusst, hätte ich ein Fernglas mitgenommen.« und seiner unvorstellbar dynamischen Bühnenpräsenz meisterte er die Situation und ließ den Funken trotzdem überspringen. Wäre der Begriff »Monsieur 100 000 Volt« nicht schon an Gilbert Bécaud vergeben worden, auch für Udo hätte er zu hundert Prozent gepasst.

2002 veranstaltete ich auf der Galopprennbahn Baden-Baden/Iffezheim das Open Air »Udo Jürgens – Ein Soloabend«, für Udo damals eine völlig neue Form der Tourneearbeit, da er ohne das Orchester Pepe Lienhard alleine am Klavier sein Programm präsentierte. Aber auch auf sich allein gestellt überzeugte und begeisterte er seine Fans.

Nach diesem Konzert arrangierte ich an meinem Geburtstag 2005 erneut einen Soloabend mit Udo, diesmal auf der Freilichtbühne in Ötigheim. Im Gegensatz zur Rennbahn Iffezheim, wo für Udos Empfindung die Publikumstribüne etwas zu weit von der Bühne entfernt war, gefiel ihm diese Location besonders gut. Während des Soundchecks hörte ich plötzlich seine Stimme durchs Mikrofon: »Happy Birthday, Christian! Alles Gute zum Geburtstag! Nach dem Konzert lade ich dich ins ›Gagarin‹ nach Baden-Baden ein. Der Wein steht schon kalt …« Direkt nach seinem umjubelten Auftritt chauffierte uns Udos Fahrer Alex auf schnellstem Wege in die Kurstadt, und wir hatten noch einen wunderschönen Abend.

Es gibt so viele Tournee-Erlebnisse, dass ich stundenlang darüber reden könnte. Aber eines fällt mir immer sofort ein. Kurz bevor es in der Tschechoslowakei zum Prager Frühling kam, habe ich 1967 zwei Konzerte im Lucerna in Prag gegeben. Das Lucerna ist eines der schönsten alten Theater, die es in Europa gibt. Diese beiden Konzerte werden für mich mein ganzes Leben lang unvergesslich bleiben. Was sich da abgespielt hat, kann man eigentlich gar nicht mit Worten schildern.

Bei den jungen Leuten lag schon etwas von dieser revolutionären Unruhe in der Luft. Sie waren wie aufgedreht, positiv geladen und wollten das Theater nicht verlassen. Wir haben fast zwei Stunden Zugaben gegeben. Auch als die Verstärker schon abgebaut waren, hat niemand den Saal verlassen. 3000 Menschen sind stehen geblieben und haben rhythmisch geklatscht. Wir haben uns hinter der Bühne in den Armen gelegen, uns sind die Tränen übers Gesicht gelaufen. Dieses Gefühl kann man überhaupt nicht beschreiben. Dieses menschliche Zusammenrücken und Näherkommen war für mich ein so unvorstellbares Erlebnis, dass es von da an meine ganze musikalische Laufbahn geprägt hat. Das hat den Ausschlag gegeben, dass ich seitdem bei meinen Konzerten immer versuche, die direkte Brücke zum Publikum zu finden.

Die Mammut-Tournee »Udo '70« mit unglaublichen 266 Konzerten war eine überaus erfolgreiche Tournee, aber zweifellos viel zu lang. Es ging nur darum, sämtliche Weltrekorde zu brechen. Warum, weiß ich eigentlich auch nicht ... aber das war nun mal so. Unter dieser wahnwitzigen Länge hat natürlich auch die Qualität gelitten. Kein Künstler, keine Gruppe, keine Rockband hat je so einen Quatsch gemacht und ist 266 Mal, also fast jeden Tag im

Jahr, auf eine Bühne gestiegen. Was wir da erlebt haben, darüber könnte ich Bücher schreiben. Beste Freunde, Musiker, die zum Teil Brüder waren, haben sich kurz vor den Vorstellungen oder abends nach den Auftritten geprügelt. Es kam zu übelsten Ausschreitungen unter den Musikern, es war Hass in der Gruppe. Klar, man musste einfach zu lang miteinander auskommen und das täglich unter großem Tourneestress. Das waren einfach unmenschliche Anforderungen, die an uns gestellt wurden. Dass wir das überhaupt durchgestanden haben, ist ein mittleres Wunder.

Wir haben damit nur Standfestigkeit, sozusagen die Kondition eines Dauerläufers, bewiesen, aber keine künstlerische Potenz – das weiß ich heute und habe daraus gelernt. Es ist keine Frage, dass die Krise, in die ich später hineingeraten bin, auf diesen Gigantismus zurückzuführen war. Ein Jahr lang war ich für jede andere Arbeit blockiert und habe keine Lieder geschrieben. Als die Tour zu Ende war, hatte ich keine neuen Songs, keine Hits und keine Erfolge mehr. Auch aus diesem Grund war es ein Fehler, so etwas zu tun.

Ich hab dann buchstäblich zwei, drei Jahre gebraucht, um wieder den Anschluss zu finden. Aber seltsamerweise hatte ich in dieser Zeit kein Panikgefühl. Ich bin unwahrscheinlich ruhig geworden und habe viele von meinen hektischen Mätzchen abgelegt. Ich habe mich sehr auf mich selbst besonnen und auch gelernt, zwischen Freunden und »Freunden« zu unterscheiden. Das war eine sehr wichtige Erkenntnis in meinem Leben, die ich allerdings leider erst sehr spät gewonnen habe.

In dieser schwierigen Zeit habe ich sehr viel gearbeitet und Erfolge gehabt, die man hier in Europa nicht so mitbekommen hat, zum Beispiel in Japan. Aber es hat mir sehr gut getan, hier mal einen Schuss vor den Bug zu bekommen. Auch wenn vieles damals sehr gehässig war, im Rückblick war es dann doch sehr lehrreich. Ich habe mich zusammengerissen, meine neuen Lieder mit viel mehr Sorgfalt geschrieben und mehr Wert auf gute Texte gelegt. Ich hab mir gesagt: Jetzt will ich's allen noch einmal zeigen! Jetzt schlag ich noch mal ganz schwer zu! Das war mein Ehrgeiz. Man hat mich dazu angestachelt.

Und es gab ein paar gute Freunde, die in dieser Zeit jede Stunde zu mir gehalten haben, auch wenn ich etwas weniger Schulterklopfer an meiner Seite hatte. Einige andere, die jetzt plötzlich wieder auf meine Schultern klopfen, hatten zuvor noch laut im Chor »Udo weg« gerufen. Die habe ich erkannt und weiß jetzt nur zu genau, was ich von Schulterklopfern zu halten habe. Aber alles in allem war es auch eine schöne Tournee, das muss ich trotzdem noch einmal sagen – ein Riesenerlebnis. Wir haben tolle Konzerte gegeben. Auf der einen Seite war es der Olymp, auf der anderen aber die Hölle.

Die Tournee »Udo '75« ging ich mit gemischtem Optimismus an. Es hing einiges davon ab. Es gab viele, die nur darauf gewartet haben, wieder schreiben zu können: Udo ist nicht mehr der Alte, ein Schatten seiner selbst, oder solche Dinge. Ich wusste sehr wohl, um was es ging, und bin mit einem ausgesprochenen Ehrgeiz, für den ich bekannt bin, an die Sache herangegangen. Ich habe mich sorgfältiger denn je auf diese Tournee vorbereitet, habe

Musiker aus der ganzen Welt engagiert – aus Deutschland, Europa, Amerika und England. Ich habe mir ein Orchester zusammengestellt, was zu diesem Zeitpunkt wohl einmalig war. Ich habe auf alles außergewöhnlichen Wert gelegt – auf den Sound, die dramaturgische Reihenfolge der Lieder ... ich bin mit Spannung in diese Tournee hineingegangen. Ein wenig habe ich schon geahnt, dass es klappen könnte.

Allerdings konnte ich nicht wissen, dass die Tour so außergewöhnlich erfolgreich werden und es allabendlich wahnsinnige Jubelstürme geben würde. Schon bei der Premiere gratulierten mir auch meine schärfsten Kritiker, die ansonsten sehr hart mit mir ins Gericht gehen. Bei »Udo '75« wusste ich von Anfang an, dass ich die Tour keinesfalls verlängern würde. Das hatte neben den Erfahrungen und Lehren aus »Udo '70« verschiedene Gründe. Direkt im Anschluss hatte ich drei Fernsehshows in Paris, dann drei in London. Danach ging ich für zwei Monate nach Kalifornien, um etwas Urlaub zu machen und um mich mit dem Oscar-Preisträger Don Black zu treffen. Er hatte mich zu einer Art Workshop eingeladen. Wir hatten ja schon gemeinsam mit »Walk Away« einen Welterfolg – über 10 Millionen verkaufte Platten in über 140 Versionen weltweit.

Für die Tournee »Udo live '77« haben wir auch unter Promotion-Gesichtspunkten eine 90-Minuten-Personality-Show für das ZDF gemacht, die eine sensationelle Einschaltquote von 54 Prozent erreichte. Da werden viele denken, das sei kontraproduktiv gewesen – erst sieht man den Udo Jürgens umsonst im Fernsehen und dann soll man sich für teures Geld eine Konzertkarte kaufen? Ich glaube, eher das Gegenteil ist der Fall. Wenn die Sendung gelungen ist, sagen sich die Leute, das wollen wir jetzt mal live erleben. Dazu kommt, dass sich das Tourneeprogramm sehr von dem im Fernsehen unterscheidet. Bei der Tour singe ich viele brandneue Lieder, die das Publikum noch nicht kennt und die erst auf der neuen LP veröffentlicht werden. 70 Prozent des Konzertprogramms sieht man nicht im Fernsehen.

Eines allerdings gab's nur im ZDF: Für mich war es eine große Sache, dass die Supremes aus Amerika in meine Show kamen. Die waren zwei Tage vor der Aufzeichnung da, und ich habe sie gefragt, ob wir nicht zusammen ein Lied singen könnten. Sie waren einverstanden, woraufhin ich »Walk Away« intoniert habe. Die Musik habe ich schon in den Fünfzigerjahren geschrieben. Die lag dann jahrelang herum, ich habe sie angeboten wie Sauerbier, doch kein Verleger wollte sie haben. Als ich dann 1965 zur Eurovision ging, habe ich einfach gesagt, jetzt singe ich das Lied. Ich habe den Text dazu geschrieben, den es bis dahin noch nicht gab. Das war dann »Warum nur, warum«. Es belegte beim Grand Prix den 5. Platz, aber was viel wichtiger war: Das Lied wurde ein Welterfolg und ein Nummer-eins-Hit in den USA.

Die Supremes kannten das Lied. »Das ist ja ein bekannter amerikanischer Song«, meinten sie. »Das stimmt nicht ganz«, antwortete ich, »das ist keine amerikanische Nummer, die ist von mir.« Das war für die eine riesige Überraschung. So haben wir sehr schnell Kontakt gefunden und nach nur kurzen Proben das Lied drauf gehabt. In der

Show wurde es dann live gespielt. Am Ende des Songs hauchte Mary Wilson: »Ich liebe dich ...« und ich antwortete: »Thank you so much, I love you all.« Die amerikanische Plattenfirma der Supremes meinte, das sei eine der besten Liveaufnahmen, die sie kennen, und man müsste das unbedingt veröffentlichen.

Übrigens, wenn ich mir Gäste für meine TV-Shows selber aussuchen könnte, würde ich international Elton John, Frank Sinatra und Barbra Streisand einladen. Sie ist für mich die größte Sängerin der letzten Jahrzehnte. Aus Deutschland würde ich Udo Lindenberg dazu bitten, denn ein Udo kommt selten allein ... auch Otto wäre dabei, weil er lustig, fabelhaft und auch privat ein ganz prima Kerl ist. Mit denen könnte ich bestimmt eine Bomben-Sendung machen.

Die '77-Tour war ein grandioser Erfolg! Mir war es besonders wichtig, den Geschmack der damaligen Zeit nicht aus den Augen zu verlieren und dabei meinem eigenen, persönlichen musikalischen Stil treu zu bleiben. Um den jeweiligen Geschmack der Leute zu treffen, muss man aktuelle Trends erkennen. Wer aber immer sein Fähnchen nach dem Wind ausrichtet, erlangt keine eigene Persönlichkeit. Das ist auch in der Musikbranche so. Man sollte sich keineswegs so verändern, dass man eine Kehrtwendung macht. Dann wird man unglaubwürdig! Aber ich bemühe mich stets um eine musikalische Weiterentwicklung. Dazu gehört, die Zeichen der Zeit zu erkennen. Dies ist vielleicht auch einer der Gründe, warum ich mich schon über viele Jahre auf dem Schallplattenmarkt halten kann.

Wenn man »Merci, Cherie«, »Ein ehrenwertes Haus«, »Aber bitte mit Sahne« und »Griechischer Wein« miteinander vergleicht, stellt man fest, dass jedes Lied völlig anders klingt. »Aber bitte mit Sahne« ist gut tanzbar und wird sogar in Diskotheken gespielt, wo ansonsten nur internationale Sachen laufen. So versuche ich immer, die Produktionen vom Sound und vom Arrangementstil her der Zeit anzupassen. Beim »Ehrenwerten Haus« und bei der »Sahne« klingt's etwas härter. Muss auch mal sein, denn Musik lebt davon, dass sie dynamisch ist. Romantik und Zärtlichkeit gehören genauso zur Musik wie eine gewisse Härte und Aggression. Es gibt ja auch Lieder, die vom Inhalt her etwas aggressiv sind. Die müssen dann auch danach klingen. Ich möchte kein Konzertprogramm machen, das nur ein »Einlullen« des Publikums ist. Ich will auch eine Massivität auf die Bühne bringen, die meinen Texten angepasst ist. So muss das »Ehrenwerte Haus« eben rockig hart gespielt werden.

Ein Konzert braucht eine ordentliche Dynamik. Obwohl ich meine Konzerte zeitgerecht gestalten möchte, muss ich jedoch auch ältere Lieder einbauen, weil die immer wieder vom Publikum gewünscht werden. Auch wenn's schwer fällt, manche davon muss ich aus dem Repertoire streichen oder nur anklingen lassen, denn ein Konzert darf nicht viel länger als zweieinhalb Stunden dauern, sonst wird's echt zu viel. Somit kann ich nicht mehr als dreißig Lieder unterbringen. Mir blutet das Herz, wenn ich »Was ich dir sagen will« nicht mehr ins Tourprogramm aufnehmen kann. Das ist auch für mich ein Problem, aber ich muss eben auf viele Titel verzichten.

Das gilt nicht für die Lieder, die zu Meilensteinen meiner Karriere geworden sind. Mein Abschiedslied auf der Bühne muss jeden Abend »Merci, Cherie« sein. Man würde es mir echt übel nehmen, würde ich es weglassen.

Und dann sind da noch die ganz persönlichen Songs, Lieder, die ich besonders gerne mag, weil sie biografische Züge haben. Eins davon heißt »Mein Bruder ist ein Maler«. Dieses Lied habe ich meinem Bruder Manfred zu Weihnachten geschenkt. Er ist Maler und Fotograf. Wir verstehen uns sehr gut und haben oft darüber gesprochen, wer von uns beiden nun der Glücklichere ist – der Musiker oder der Maler. Da gibt es natürlich verschiedene Ansichten, und wir haben festgestellt, dass jeder immer vom anderen glaubt, er müsse der Glücklichere sein. Dazu gibt es noch eine wunderbare Geschichte. Als ich das letzte Konzert der Tournee »Udo live '77« in Augsburg spielte, hat mich mein Bruder total überrascht. Ich wusste nicht, dass er nach Augsburg gekommen war. Als ich dieses Lied sang, kam er als Anstreicher verkleidet mit einem Eimer Farbe auf die Bühne und begann, die Stuhlbeine der Orchesterstühle anzustreichen. Das Publikum lachte und applaudierte. Ich wusste gar nicht, was los war. Als ich mich dann umdrehte, sah ich meinen Bruder auf der Bühne. Es war natürlich ein riesiges Hallo und eine schöne Überraschung!

Ein Jahr später, für die Fortsetzung der Tournee »Udo live in ...«, entschlossen wir uns, wieder mit dem ZDF eine große Show mit dem Titel »Ein Mann und seine Lieder« zu produzieren. Als ich mir später zu Hause das Video angeschaut habe, bin ich am Ende fast gestorben und war erschrocken über mich selbst. Ich singe mit ungeheuerlicher Intensität, bin vor meinem Publikum angstfrei und gebe alles. Auch meinen Gefühlen lasse ich freien Lauf. Das ist meine Art aufzutreten, und das ist eine Form von Seelen-Striptease. Ich kann nicht anders. Ich sah mein Gesicht in Großaufnahme bei dem Lied »Eine Hand ist keine Faust« und dachte, das ist ein anderer. Ich war wie von innen nach außen gekehrt. Ich habe mich selbst nicht erkannt, muss aber zugeben, dass ich gleichzeitig erschüttert und fasziniert war. Ich habe da einen Menschen gesehen, der in seiner Darstellung an die Grenzen geht und Musik in einer Art und Weise präsentiert, bei der es nur noch eine Steigerung geben kann – ein öffentlicher Herzinfarkt oder so was. Und das kann es ja wohl nicht sein! Ich musste jetzt ganz bewusst für ein Jahr im Fernsehen aussetzen, weil ich Angst hatte, man wolle nun noch mehr von mir sehen.

Mit dieser TV-Show habe ich übrigens alle Preise gewonnen, auch die Goldene Kamera. Ich habe die größten Anerkennungen für diese Sendung erhalten, die man sich überhaupt nur erträumen kann. Es hieß, es sei eine Sternstunde des Deutschen Fernsehens gewesen. Man hat sich wirklich überschlagen. Erfolg aufgrund von Seelen-Striptease!

Wie immer hatte ich auch vor der '78-Tournee gemischte Gefühle. Eine Mischung aus Vorfreude, Spannung und Angst. Jede Tournee ist für mich ein Risiko. Jedenfalls sehe ich das so. Ich bereite mich auf eine Tournee immer so vor, als wäre es für mich die schwerste Aufgabe, einen Saal zu füllen. Ich sehe vorher eigentlich immer eher das Negative als das Positive. Das Publikum muss erobert werden! Wir müssen auf der Bühne das Beste, das Allerbeste bieten. Wir dürfen es uns nicht leicht machen, nur weil wir ein paar Hits im Programm haben. Ich tue so, als gelte es, neues Land zu bestellen, etwas Neues zu erobern. Nur dann kann ich mich total einsetzen, was ich auch für absolut notwendig halte.

Meine älteren Erfolge müssen neu arrangiert und in zeitgemäße Klangbilder gebracht werden. Dazu möchte ich, dass die Lieder meiner Langspielplatten einen wesentlichen Teil des Konzertprogramms ausmachen. Diese Lieder lernt das Publikum meistens erst im Konzertsaal kennen. Und es kann sogar sein, dass ich noch kurz vor dem Premierentag etwas schreibe, was es noch gar nicht auf Platte gibt. Das ist dann nur auf der Bühne zu hören. So was kommt vor!

Die Tournee »Deinetwegen« im Jahr 1987 war etwas ganz Besonderes. Es ging von einem Glanzpunkt zum anderen, und ich flog wie ein Komet durch die Lande. Besonders Ostberlin würde ich mit zu den größten Konzerten meines Lebens zählen. Dieser Auftritt im Friedrichstadt-Palast – das kann man sich nicht vorstellen! Ich finde fast keine Worte dafür. Es war eine Sternstunde. Wir alle auf der Bühne waren unglaublich gut drauf und haben toll gespielt. Dieses Konzert ist in voller Länge und ungekürzt drei Tage später im DDR-Fernsehen ausgestrahlt worden. Die Straßen in Leipzig, Dresden, Ostberlin, in der ganzen DDR waren menschenleer. Man sagt, über 12 Millionen DDR-Bürger haben die Sendung gesehen. Ich habe Telegramme und Briefe bekommen wie noch nie in meinem Leben. Intensive Lieder wie »Deinetwegen«, »Ihr von morgen«, »Die Hymne an die Zukunft« oder »Sperr mich nicht ein« sind von ganz besonderer Bedeutung in der DDR. Textpassagen wie »der Riss durch Berlin, der lautlose Schrei in die Welt hinaus ...« bekommen dort plötzlich einen unvorstellbaren Wert. All diese Texte durfte ich ungekürzt in Ostberlin singen! Die Reaktion der Leute war unfassbar! Viele Menschen haben im Konzertsaal geweint. Dass auch wir alle, auf und hinter der Bühne, Tränen in den Augen hatten, ist wohl mehr als verständlich.

Danach stand gleich das nächste Highlight vor der Tür. Im Juni '87 war ich zusammen mit dem Orchester Pepe Lienhard für zwei Wochen in Peking. Dort hatten wir eine große Fernsehproduktion. Ich hatte etwas auf Chinesisch eingeübt und erntete damit beim Publikum Begeisterungsstürme. Gegen Ende sang die bildhübsche Cheng Fangyan ein chinesisches Volkslied. Ich stieg ein und forderte die Zuschauer zum Mitsingen auf. Die blieben allerdings im Gegensatz zum hiesigen Publikum sehr zurückhaltend.

Was auch zum Procedere einer jeden Tournee gehört, ist das Vor- und Nachher bei jedem Konzert. Das ist typisch bei meinen Tourneen: Es wird jeden Tag vor dem Auftritt mit allen Musikern eine neue Besprechung gemacht, bei der wir das vorherige Konzert durchgehen. An einer Stelle war dies, an einer anderen jenes, die Übergänge müssen wir sauberer spielen und keinen Schlendrian zulassen. Es darf nie einen Tournee-Schlendrian geben! Den gibt's oft bei Rockgruppen, die bisweilen desinteressiert auf der Bühne rumstehen, ihre Sachen abnudeln und viel dem Zufall überlassen. Das Publikum fühlt sich dann schon mal verscheißert, wenn man mir dieses Wort erlaubt, und wendet sich ab. Ich glaube, dass meine Programme ein Höchstmaß an Ehrlichkeit und Konzentration sowie das Optimum an Zusammenarbeit eines perfekten Apparates sind, bei dem jeder Einzelne mit unerhörter Liebe und Begeisterung dabei ist und musiziert. Und darüber bin ich ganz besonders froh. Und stolz bin ich auch!

Am Ende des Auftritts kommen die Zugaben. Da bin ich genauso angespannt wie während des Konzertes. Da bin ich voll dabei! Allerdings bin ich dann schon etwas befreiter. Ich bin am Ende des Abends angelangt, die schwersten Brocken liegen hinter mir und ich kann unbeschwert aufspielen. Bei den Zugaben ist viel Freude dabei, beim Publikum und bei mir. Die Autogramme, auf die viele noch warten und die ich später noch auf der Bühne schreibe, sind auch ein Teil des Konzertes und gehören zu meinem Arbeitspensum. Da habe ich aber schon ein wenig abgeschaltet. Ich bin abgeschwitzt, habe geduscht, mich umgezogen und gewissermaßen beruhigt, denn ein Konzert ist für mich absoluter Hochdruck. Bis ich aber richtig »abkühle«, dauert es zwei bis drei Stunden. Ich gehe mit den Musikern immer noch in irgendein Lokal. Am liebsten in eine gemütliche Kneipe, wo es ein schönes kaltes Bier gibt. Da spricht man nochmal alles durch. So klingt der Abend langsam aus. Erst dann bin ich fähig, ins Hotel beziehungsweise ins Bett zu gehen und so langsam einzuschlafen.

Wenn ich auf all meine Tourneen zurückblicke, ergeben sich Erkenntnisse, die mein künstlerisches Leben geprägt haben und es immer noch tun. Nun bin ich leider Gottes – oder Gott sei Dank – ein Typ, der bei einer Show, bei einem Konzert ganz hart rangeht. Dabei habe ich mich mit der Zeit schon etwas zurückgenommen. Früher war ich beim Auftritt so aggressiv, dass ich meine Musiker bis an die Grenze der Tätlichkeit attackiert habe. Ich habe die wirklich auf der Bühne am Ärmel gepackt und gesagt: »Mensch, spiel jetzt. Wenn du jetzt nicht ordentlich spielst, hau ich dir nach der Vorstellung eins in die Schnauze.« Ich war wirklich so ein Typ. Natürlich kannten mich meine Musiker so gut, dass sie wussten, so etwas würde nie geschehen. Auf der Bühne war ich aber dermaßen in Rage, dass ich mich so verhalten habe. Im Laufe der vielen Jahre habe ich diese Aggressionen abgebaut, spiele mich aber im Unterbewusstsein immer noch in eine Art Trance hinein. Es ist nicht so, dass ich weggetreten bin, das bestimmt nicht. Ich kontrolliere mich schon, zumal ich eigentlich eine große Abneigung davor habe, mich selbst darzustellen und mich von Tausenden auf der Bühne anschauen zu lassen. Dann komme ich mir wie ein Exhibitionist vor. Da ich aber seltsamerweise keine exhibitionistische Ader habe, trete ich auf der Bühne ganz schnell die Flucht nach vorne an, hinein in meine Musik. Darin gehe ich dann total auf! Ich flüchte mich also voll in die Musik. Dann höre ich das Orchester, bade in den Klängen, bade im Klang meiner eigenen Stimme. Ich höre den Sound durch die großen Lautsprecher, einen Sound, auf den ich abfahre, wenn ich das mal so sagen darf. Und da ist dann mein Mikrofon, und ich habe das Gefühl, dass ich einem Menschen im Publikum, ganz weit hinten in der vierzigsten Reihe, etwas ins Ohr sagen könnte. Jetzt bekomme ich ein ganz gespanntes Verhältnis zu den Leuten im Saal. Wenn ich von Liebe singe, entsteht sogar eine Form von einem sexuellen, erotischen Verhältnis zwischen Publikum und Bühne. Das geschieht einfach, es ist wie ein Liebesakt. Ich habe das Gefühl, einen Menschen im Publikum, den ich an der Bühnenrampe sehe, in den Arm zu nehmen. Das sind zwar vollkommen unreale Gefühle, die in einem solchen Augenblick Besitz von mir ergreifen, aber ich lasse mich ganz bewusst da hineintreiben und segle sozusagen im vollen Wind in dieses Abseits der Gefühle, wohl wissend, dass dies nicht mehr der Realität entspricht. Diese Dinge sind intellektuell vollkommen anders zu erklären, aber ich gehe da ganz bewusst hinein, und mein Verstand weiß, dass ich nun auf den Wogen der Gefühle dahinschwimme.

Ich bemühe mich ganz stark, an das zu denken und das zu empfinden, was ich gerade singe. Nur so kann ich die letzte Reihe im Saal erreichen. Es ist ganz verkehrt, wenn man immer nur mit den ersten beiden Reihen kokettiert. Das machen sehr viele Kollegen. Die lächeln immer runter und singen eigentlich nur für die Leute vorne. Aber ein Konzert wird in den letzten Reihen entschieden. Auch die Menschen ganz hinten, die hundert Meter von mir entfernt sitzen, muss ich erreichen! Das kann ich nur, indem ich ungeheuer intensiv bin und meine Gefühle voll auf den Text konzentriere. Ein Fußballspiel wird nicht im Strafraum entschieden, sondern im Aufbau. Wenn ein Angriff schon im gegnerischen Strafraum richtig entwickelt wird, entscheidet es sich, ob eine Torchance dabei herauskommt oder nicht. Ich kann nicht sagen, ich hau den Ball in den Strafraum rein und irgendeiner wird dann schon ein Tor schießen. So ähnlich ist es mit der Musik.

Ich darf meine Lieder nicht nur für die ersten Reihen singen, ich muss sie nach hinten bringen, in die letzte Ecke eines Raumes. Nur dann kann ich Erfolg haben, Erfolg bei meinem Publikum. Und gerade das muss man stets im Auge behalten, denn was wären wir ohne unser Publikum? Ohne diese Menschen wäre ja alles gar nicht möglich. Mein Gefühl für das Publikum ist wie eine anonyme Freundschaft. Ein Brief, der mir geschrieben wird, oder ein Applaus, den ich höre, wird von mir zwar als fantastisch empfunden und als eine riesige Hilfe dankbar angenommen, aber ich kann den Einzelnen nicht greifen. Das tut mir im Grunde genommen sehr leid, weil ich eigentlich das Gespräch mit den Menschen suche und es auch brauche. Aber ich kann nach einem Konzert in einer Halle mit fünftausend Menschen nicht anschließend noch mit zweitausend von ihnen reden. Das geht nun wirklich nicht. Aber dann und wann ergibt sich schon mal die Möglichkeit.

Ich lerne auf einer Tournee sehr viele Menschen kennen. Natürlich sind das keine Freundschaften, aber wenigstens Gespräche. Man erzählt mir aus einer anderen Welt, aus einem anderen Sorgenkreis. Diese Eindrücke inspirieren mich und ich brauche das, um nicht das Maß für die Dinge zu verlieren. Und diese Gefahr ist in meinem Beruf sehr groß. Wir sehen meist nur unser eigenes Showbusiness, die Welt, in der wir uns bewegen. Und diese Welt bekommt durch die Medien ein glitzerndes Gesicht, das mit der Wirklichkeit nichts mehr zu tun hat. Wenn man wie ich jahrelang in so einer Welt lebt, dann kann das zur Folge haben, dass man den Blick für die Realität und den Boden unter den Füßen verliert. Und das möchte ich unbedingt vermeiden! Der Alltag muss Realität bleiben! Meine Gefühle auf der Bühne sind im Vergleich zum Alltag geschärfter und ich empfinde alles viel intensiver. Der Zustand während eines Konzertes ist ja nicht normal. Die Nerven vibrieren, der Blutdruck ist wesentlich höher, die geistige Konzentration ist auf ein Höchstmaß angespannt. So könnte man sich im Alltag nicht über Stunden konzentrieren. Da würde ich wahrscheinlich nach drei Tagen tot umfallen oder wahnsinnig werden.

Dieses Höchstmaß an Konzentration, das ich über zwei Stunden durchhalte, äußert sich hinterher in totaler Erschöpfung, aus der ich allerdings auch wieder neue Kraft schöpfe. Eine Kraft, die der Erfolg einem abverlangt, will man ihn halten. Das liegt ganz und gar allein bei einem selbst. Man kann nicht dem Publikum die Schuld geben, wenn man keinen Erfolg mehr hat, und sagen, die Leute seien untreu. Die sind nicht aufgefordert, treu zu sein. Das Publikum hat das Recht, sich seine Künstler selbst auszusuchen und sie auch wegzuwerfen. Dieses Recht muss ich den Menschen zugestehen! Als wir begannen, erfolgreich zu sein, hat sich das Publikum wahrscheinlich auch von einem anderen Künstler abgewandt, der vielleicht darunter gelitten hat. Dann muss ich es auch hinnehmen, wenn ich selbst dran bin.

Der Erfolg ist schon zu halten, aber nur dann, wenn ich nicht ununterbrochen an ihn denke und versuche, unbeeindruckt davon zu sein. Er soll schon Selbstvertrauen geben und die Persönlichkeit festigen, aber man darf nicht in einem Erfolgsrausch leben, mit geschwellter Brust rumlaufen und sich mit dicken Zigarren in Clubsesseln lümmeln. Schaut mich an, ich bin der Größte – das ist die erste Stufe zum Weg nach unten. In der Stunde des Erfolgs muss man ihn eigentlich gelassen sehen. Genauso wie man auch lernen muss, einen Misserfolg gelassen zu ertragen. Das Nachdenken über meine eigene kreative Arbeit, über meine Ideen und Kompositionen darf ich nicht vernachlässigen. Wenn man satt und faul wird, dann wird auch der Erfolg schlagartig nachlassen. Man muss sich darüber im Klaren sein, dass der Erfolg eines Sängers einzig und allein in der Qualität dessen liegt, was er anbietet. Die Lieder müssen gut sein, und darum bemühe ich mich.

Wenn ich die Zügel schleifen lasse und nicht den größten Wert auf Qualität lege, wird der Erfolg mich verlassen – und wenn der Name noch so groß ist. Dazu gehört Selbstdisziplin, und da hat sich bei mir in den letzten Jahren viel geändert. Wenn ich so zurückdenke … vor zehn Jahren war ich ein ausgesprochenes Nervenbündel. Ich bin immer noch ein sehr sensibler und feinnerviger Typ, der bisweilen unter seinem Nervenkostüm etwas zu leiden hat. Das gebe ich ohne Weiteres zu. Wahrscheinlich brauche ich auch diese Sensibilität für meinen Beruf.

Im Kontext Publikum und Sensibilität möchte ich noch etwas sagen. Jeder hat das Recht, jemanden zu mögen oder auch nicht. Das muss man voll akzeptieren. Ich habe immer besonders das Publikum akzeptiert, das mich abgelehnt hat. Ich habe mich gerade um die Leute bemüht, die durch den Partner oder Freunde ins Konzert gezogen wurden. Sicherlich ist es leichter, jemandem zu gefallen, der einen sowieso mag. Aber jemanden zu überzeugen, der einem kritisch oder fast ablehnend gegenübersteht, ist eine viel größere und schwierigere Aufgabe. Wenn ich solchen Menschen im Konzertsaal begegne, dann tue ich es ihnen gegenüber ohne Abneigung, im Gegenteil! Vielleicht kann ich sie sogar »bekehren« oder ihnen zumindest Respekt abgewinnen – den gleichen Respekt, den ich auch vor ihnen habe.

11 Im Schatten stand Udo eigentlich nie, aber ein tolles Motiv für das Cover zum Album »Jetzt oder nie« und seine Autogrammkarten im Jahr 2005 ist es auf jeden Fall.

Eine neue Erfahrung und Herausforderung war meine Tournee 2002, »Udo Jürgens – Ein Soloabend«. Eine ganze Tournee ohne das Orchester Pepe Lienhard, nur ich allein auf der Bühne. Getestet habe ich das zuerst im kleineren Rahmen, bevor ich ein großes Solo-Konzert in der Wiener Staatsoper gegeben habe. Der Erfolg war jedes Mal so überzeugend, dass ich mich jetzt entschlossen habe, eine Solo-Open-Air-Tournee zu wagen. Ich alleine am Klavier in einer schönen sommerlichen Atmosphäre. Ich freue mich unglaublich auf diese Konzerte, weil es auch mal etwas ganz anderes ist. So ein Open Air ist eine Bereicherung meiner künstlerischen Palette, etwas Wunderschönes und ganz Besonderes.

Es gibt da noch einen wichtigen Gesichtspunkt, den es zu beachten gilt: Der Klang wird nicht wie in einer Halle eingefangen, sondern er verschwindet sozusagen im Freien. Daher muss man vorher extrem gute akustische Voraussetzungen schaffen. Man braucht quasi die beste Anlage der Welt, um sensibel und gut gehört zu werden. Aber das ist heute alles kein Problem mehr. Elton John ist ein gutes Beispiel dafür – der macht ja schon lange solche fantastischen Solo-Konzerte.

Im Gegensatz zu einer Halle ist beim Open Air der Himmel das Dach. Mit ein bisschen Glück leuchten die Sterne und der Mond strahlt dich an ... Wenn es einem gelingt, dieses Gefühl von Natur zu einem Gesamterlebnis mit der Musik zu machen, hat man gewonnen. Dann hat man etwas erreicht, das man in einem geschlossenen Raum nicht erreichen kann – diese große Empfindung von Freiheit. Mit Sicherheit verlangt so ein Open Air meine volle Konzentration. Die braucht man natürlich auch bei einem normalen Konzert, aber da kann ich mich zwischendurch schon mal bei Orchesterpassagen fallen lassen, Tee trinken und durchschnaufen. Aber ein Soloabend fordert mich eine Spur mehr. Ich spiele ununterbrochen Klavier und singe, womit ich aber eine höhere Form der Dichte erreiche. So ein Konzert ist sehr, sehr persönlich! Ich muss mich darauf auch richtig vorbereiten. Zurzeit sitze ich jeden Tag am Klavier und spiele das ganze Programm voll durch, um die Sicherheit zu bekommen.

Auf den Soloabend wie auf alle Konzerte in Baden-Baden freue ich mich ganz besonders. Ich habe als ganz junger, zwanzigjähriger Musiker meine erste Rolle als Schauspieler in einer Fernsehproduktion in Baden-Baden gehabt. Mein Partner war Harald Juhnke. Wir beide waren damals so richtige Gipfelstürmer und eng befreundet. Auch die Nachtszene in Baden-Baden war uns bestens bekannt. Wir sind durch alle Bars und Diskotheken gezogen. Fünf Wochen haben wir in Baden-Baden gedreht. Dadurch habe ich dort einige Freundschaften geschlossen, die bis heute gehalten haben. Wenn ich nach Baden-Baden komme, treffen wir uns regelmäßig. Dadurch hat diese Stadt für mich eine höhere Bedeutung als andere Orte, unabhängig davon, dass Baden-Baden ein wunderschöner, romantischer Ort ist, der mir auch immer wieder etwas Vergangenheit und Geschichtliches vermittelt.

Mit jeder Tournee, ja, mit jedem Konzert setze ich mich auch der Kritik fremder Menschen aus. Kritik ist eine wichtige Angelegenheit, auch dann, wenn sie bisweilen verletzt, ungerecht ist, einen fürchterlich ärgert und auf die Palme bringt. Das ist aber eigentlich gar nicht so schlimm. Man kann sich der Kritik leicht entziehen, indem man nichts mehr tut. Aber jeder Mensch, der etwas arbeitet, wird beurteilt, und das nennt man Kritik. Wenn ich mich an Millionen Menschen wende, bin ich natürlich auch einer stärkeren Kritik ausgesetzt. Einige Künstler setzen sich darüber hinweg, doch das sollte man meiner Meinung nach nicht tun. Wenn auf einer Tournee bei zehn Konzerten zehn Kritikern das Gleiche aufgefallen ist, dann muss da was dran sein. Wenn zehn Journalisten schreiben, der redet zu viel oder plappert Unsinn zwischen den Liedern, dann muss ich darüber nachdenken und mich fragen, ob ich wirklich etwas schweigsamer sein und mich mehr auf meine Lieder konzentrieren sollte.

So gesehen kann Kritik hilfreich sein. Natürlich gibt es mitunter Zeitungskritiken von Leuten, die entweder gar nicht im Konzert waren, aus dem Programmheft abgeschrieben haben oder nur nach der Platte urteilen. So etwas wird es immer geben, und es sollte einen nicht aufregen.

Und dann gibt es die Selbstkritik. Ich muss ehrlich und selbstkritisch sein, nur dann kann ich auch auf mich hören. Wenn ich aber ein Typ bin, der wenig Selbstkritik übt und zur Überheblichkeit neigt, sollte ich lieber auf andere hören. Ich glaube, wie fast immer im Leben, ist auch hier das Mittelmaß das Ideale. Bei Komposition, Text und Gestaltung fälle ich grundsätzlich die letzte Entscheidung. Aber ich habe auch ein Ohr für Leute, deren Urteil ich für wichtig empfinde und zu denen ich Vertrauen habe.

Manchmal würde ich am liebsten während eines Konzerts unterbrechen und etwas korrigieren, was natürlich nicht geht. Dann kann es sein, dass kleine Feinheiten, die ich anders haben möchte, bis zum letzten Konzert nicht ausgemerzt werden, weil ich nach dem Auftritt vergessen habe, an welcher Stelle das war. Oder ich muss mir selber sagen: An dieser Stelle hast du einen Texthänger gehabt. Also lies den Text noch mal! Sonst hänge ich am nächsten Abend bestimmt wieder an derselben Stelle des Liedes, obwohl ich es schon hundertmal gesungen habe. Die Stelle kommt und plötzlich erinnere ich mich: Oh, gestern wusstest du hier nicht weiter – und schon bin ich raus und hänge wieder. Also schaue ich mir vor dem Auftritt diese Stelle nochmals für mich alleine in der Garderobe genau an, lerne sie, spreche den Text, singe das Lied durch – dann klappt's auf der Bühne auch später ohne Probleme.

Es gibt wenige Konzerte, bei denen ich gar keinen Fehler mache, aber das ist auch menschlich und entschuldbar. Es ist auch gar nicht allzu schlimm. Aber Perfektion, technisches Können und Brillanz sind oberstes Gebot und sollten zumindest angestrebt werden. Ich sage immer zu meinen Musikern: Wenn ihr nicht das Äußerste geben wollt, dann spielt in einer anderen Band. Dann könnt ihr in einer Kneipe oder einem Tanzlokal auftreten. Da genügt das. Das Publikum tanzt, unterhält sich, lacht und hört nicht genau zu. Aber wenn ihr mit mir in der Berliner Philharmonie vor Tausenden von Leuten spielen wollt, die aufmerksam sind und die schon ein Papierraschelnstört, dann erwarte ich von euch, dass dementsprechend musiziert wird. »Schrumpelmusik« passt nicht in einen Konzertsaal!

Ich lebe für meine Lieder, meine Konzerte und meine Tourneen. Es ist nicht nur in jedem Land etwas Neues, es ist sogar jeden Abend etwas Neues! Ein Tournee-Programm steht natürlich von Anfang an fest. Trotzdem ist jedes Konzert anders. Du hast jeden Abend ein anderes Publikum, neue Menschen, die es zu erobern gilt. Aus diesem Grund ist es niemals das Gleiche und immer wieder spannend.

Noch größer sind die Unterschiede, wenn man in fremde Länder oder auf fremde Kontinente kommt. Das beste Beispiel dafür ist zweifellos mein erstes Konzert in Tokio 1972. Diese Premiere war für mich eine der aufregendsten Erfahrungen, die ich jemals gemacht habe. Es war ein ausverkauftes Konzert vor 4000 Japanern, die kein Wort Englisch sprachen, geschweige denn Deutsch – und ich kein Wort Japanisch. Wie soll das gehen? Dann hatte ich die zündende Idee: Ich habe einen Dolmetscher mit auf die Bühne genommen, der von Zeit zu Zeit die wichtigsten Liedertexte übersetzte. Das hat fabelhaft funktioniert. Aber für mich ist es natürlich am schönsten, vor Deutsch sprechendem Publikum aufzutreten, denn Deutsch ist meine Muttersprache. Ich bin auch der Meinung, dass man in Deutsch sehr gute Musik machen kann. Im Gegensatz zu anderen, die behaupten, man müsse alles in Englisch schreiben. Ich glaube das nicht!

Ich war fünfmal in Japan, habe in allen großen Städten Konzerte gegeben und über fünfzig Fernsehshows gemacht. 1972 war ich dort zum ersten Mal auf Tournee und mit »Wakare no asa« (»Was ich dir sagen will«) Nummer eins der japanischen Hitparade. 1981 gewann ich beim »World Popular Song Festival« in Tokio zwei Preise für meine LP »Leave A Little Love«, die in über zwanzig Ländern veröffentlicht wurde. Ich habe das Land dadurch wirklich intensiv kennengelernt. Am Anfang hatte ich Probleme mit der dortigen Lebensweise, aber gerade beim letzten Mal war ich unglaublich fasziniert, besonders von der Einstellung der Leute.

Bei uns sehen beispielsweise viele die Arbeit als ein notwendiges Übel an, das man hinter sich bringen muss. Oder man versucht, sich zu drücken, wo man kann. Da ist die Einstellung zur Arbeit in Japan eine ganz andere. Für die Japaner ist Arbeit nicht nur notwendig, sondern wesentlich und wichtig für die seelische Balance eines Menschen. Das ist für mich die richtige Einstellung! Dort ist die Arbeit etwas Schönes, bei uns eher etwas Verteufeltes. Wenn wir in Deutschland Angst vor den Japanern haben, dann rührt das daher, dass unsere Beziehung zur harten Arbeit in vielen Bereichen im Verfall ist. Hier liest man, die japanischen Autos verdrängen unsere vom Markt. Da muss man sich erst einmal fragen, woran das liegt. Aus Tests weiß man, japanische Autos müssen weniger zur Reparatur als alle anderen Marken weltweit. Die Japaner liefern alle Extras mit, die man bei uns teuer bezahlen muss. Sie haben bessere Ideen, um die Wirtschaft anzustoßen. Meine Kopfhörer im Studio haben die Japaner hergestellt. Da frage ich mich, warum nicht unsere Firmen. Die Japaner stehen eben eine Spur früher auf und denken ein wenig mehr nach. Das sollte uns mal durch den Kopf gehen und nicht Strategien, wie man den japanischen Import blockieren könnte. Konkurrenz zu verbieten ist keine Lösung. Ich muss versuchen, ebenbürtig zu werden, vielleicht sogar besser. Das ist die richtige Art, mit Konkurrenz umzugehen! So stelle ich mir das zumindest vor.

Wenn man so viel um die Welt reist wie ich, lernt man Land und Leute kennen und bekommt intensivere Einblicke in die Strukturen und Denkweisen. Die verschiedenen Lebensformen bringen auch unterschiedliche Probleme mit sich. Ich für meinen Teil habe immer sehr gerne im deutschsprachigen Raum gelebt. Für mich gibt es keinen Grund zu klagen. Selbst jetzt, wo ich auf die achtzig zugehe, bin ich sehr happy, auch was meine künstlerische Arbeit anbelangt. Ich glaube, dass ich in den letzten Jahren doch einiges Außergewöhnliches auf die Beine gestellt habe, und auch in Zukunft sollten da noch ein paar Sachen drin sein. Und natürlich auch einige von Emotionen und Gefühlen bereicherte Konzerte und Tourneen.

5.

Was wirklich zählt auf dieser Welt, das bekommst du nicht für Geld

GAGEN, LUXUS UND EINE STEUERAFFÄRE

*Wenn du mitunter traurig bist,
es mag sein vielleicht,
weil das Geld nie reicht,
dann sag' dir, dass da manches ist,
was der reichste Mann
sich nicht kaufen kann.*

Auf einer Finanz-Website wird das Privatvermögen von Udo Jürgens auf 120 Millionen Euro geschätzt. Sein Kapital erwirtschaftete er durch über 100 Millionen verkaufte Platten, unzählige Konzerte und Tourneen, Rechte an über 1000 Kompositionen, Tantiemen und weitere Verträge. Er selber hatte jedoch ein eher gespaltenes Verhältnis zum Geld. Auf der einen Seite interessierte es ihn wenig, er vertraute seinen Beratern, insbesondere seinem Freund und Manager Freddy Burger. Zum anderen genoss er auch einen gewissen Luxus, aber immer ohne dabei protzig zu wirken.

Udo war schon immer ein Liebhaber schöner Autos. In den Sechziger- und Siebzigerjahren war es der Mercedes 600, später erfüllte er sich einen Traum und fuhr einen Bentley. Udo hatte Stil und legte Wert auf ästhetische Dinge. Die durften dann auch mal etwas kosten – sei es eine besondere Armbanduhr oder eine maßgeschneiderte Garderobe. Aber auch das Sakko von der Stange fand durchaus Platz in seinem Kleiderschrank. Udo achtete stets auf sein Geld, aber er war nie geizig. In 40 Jahren durfte ich nicht ein einziges Mal ein Mittag- oder Abendessen bezahlen.

Am 9. November 1989 war Udo während einer Tournee in Berlin und wurde Zeuge des Mauerfalls. Erst zwanzig Jahre später erzählte er der Presse, dass er überall Menschen gesehen hätte, die in die Schaufenster der westlichen Geschäfte geguckt hatten. Das hat ihn derartig berührt, dass er 5000 Mark verschenkt hat. Während seiner Tourneen hatte er meist viel Bargeld dabei. Er hat das Geld den Leuten in Hunderten heimlich in die Tasche gesteckt und kein Wort darüber verloren. Er selber freute sich über kleine Aufmerksamkeiten. Einmal organisierte ich ihm zu einem Konzert zwei Flaschen eines portugiesischen Weißweins, ein besonderer »Vinho Verde«, den er sehr gerne trank. Das fand er toll und war regelrecht beglückt.

Über Geld redet man ja bekanntlich nicht – mir gegenüber sprach Udo jedoch erstmals 1975 offen über seine Gagen, womöglich auch, um der Presse Paroli zu bieten, die immer wieder Unsummen in den Raum stellte. Mit den Jahren wuchsen natürlich auch die Anforderungen an eine professionelle Bühnenshow und damit die Kosten für ein Konzert. 2014 kostete eine komplette Udo-Jürgens-Produktion mit bester Ton- und Bühnentechnik sowie allen Nebenkosten wie Hallenmiete und Werbung einen sechsstelligen Betrag pro Abend. Aber Udo blieb in seinen persönlichen Anforderungen bescheiden. Sein Garderoben-Catering bestand aus belegten Broten, zwei Flaschen Wasser und einer Flasche Wein. Er und sein Management achteten auch immer darauf, dass Udos Veranstalter unter fairen Bedingungen ihre Konzertabende durchführen konnten.

Mitte der Siebzigerjahre war »die Steueraffäre Udo Jürgens« *das* Thema. Es gab wohl kaum eine Zeitung, die nicht darüber berichtete. Mir gegenüber war er damals »zur Aussage« bereit – und zwar 1977, als die ganze Angelegenheit noch ein schwebendes Verfahren war. Zwei Jahre später war der Sachverhalt geklärt und es kam zu einer Einigung der Parteien. Aber so ganz kalt hatte Udo das alles nicht gelassen.

Ich drücke mich vor keiner einzigen Antwort! Es gab eine Menge unwahrer Gerüchte in der Presse. Richtig ist, dass Sofia Loren und Carlo Ponti Interesse an meinem Haus in Kitzbühel gezeigt haben. Falsch ist, dass ich nach Monte Carlo ziehen wollte – alles erfunden. Ich habe keine Steuern hinterzogen, sondern im Gegenteil sehr viel Steuern bezahlt. Fachkundig kann ich mich nicht äußern, das überlasse ich meinen Steuerberatern und Anwälten. Davon habe ich überhaupt keine Ahnung, ich bin Künstler. Ich weiß nur, dass ich in Österreich dreimal so viel Steuern bezahlt habe, wie ich in diesem Land verdient habe. Das kommt mir sowieso schon etwas spanisch vor. Jetzt will man ungefähr das Zehnfache an Steuern von mir haben, als ich im dem Land überhaupt verdient habe. Da sagt mir mein natürliches Rechtsempfinden, dass da irgendwas nicht stimmen kann. Aber da wir sowohl in Deutschland als auch in Österreich in einem Rechtsstaat leben, bleibe ich ganz ruhig. Ich habe ein reines Gewissen, und irgendwann wird sich das aufklären.

Das Problem ist auch, dass gar nicht geklärt ist, wo ich überhaupt Steuern zahlen soll. Ich habe in Deutschland und Österreich Steuern bezahlt. Sogar in Japan, so wie es eben die internationalen Bestimmungen vorschreiben. Aber zweifellos ist es bei einem Künstler, der weltweit unterwegs ist und Urheberrechte aus allen möglichen Ländern in den unterschiedlichsten Währungen bekommt, für die Steuerbehörden außerordentlich kompliziert. Da kommt es bestimmt zu Situationen, wo die sich selber nicht auskennen. Im Augenblick streiten sich die Österreicher mit den Deutschen, wer nun wirklich den Udo Jürgens voll zur Ader lassen darf.

Ich habe bisher an beide Länder bezahlt – meiner Meinung nach viel zu viel. Wie das nun endgültig ausgeht ... da sollen die sich mit ihren Anwälten streiten. Mir ist das wurscht, ich bin Musiker! Solange man Talent nicht verstaatlichen oder versteuern kann, sehe ich der ganzen Sache gelassen entgegen. Mein Haus kann man mir wegnehmen, nicht aber meine Begabung und meine Musik! Wenn's sein muss, serviert mir die größte Schikane, aber bitte mit Sahne.

So äußerte sich Udo mir gegenüber 1977. Wenige Jahre später war die damals so aufwühlende und dramatische Angelegenheit aus der Welt geschafft – nicht zuletzt auch wegen Udos Bereitschaft, seinen Frieden mit diesem unschönen Thema und den daran Beteiligten zu schließen.

Ich zähle absolut zu den Menschen, die negative Ereignisse sehr schnell vergessen können. Das ist eine sehr positive Eigenschaft. Im ersten Moment können sie mich zwar mal umhauen oder mich stark beeinflussen, ich kann große Enttäuschung oder Schmerz empfinden. Aber genauso schnell kann ich solche negativen Empfindungen auch wieder abbauen und entwickle intensive Kräfte dagegen. Heute kann ich rückblickend sagen, dass ich fast alles in meinem Leben im Nachhinein als positiv empfinde, sogar das Negative, denn auch das gehört zum Leben dazu. Am meisten lernt man doch aus dem Negativen und bekommt die Lebenserfahrung, die einen reifer und klüger werden lässt. Positive Erlebnisse formen den Charakter eines Menschen bei Weitem nicht so sehr wie das Negative. Glücklicherweise bin ich bisher von gravierend negativen Ereignissen in meinem Leben verschont geblieben. Wollen wir es nicht heraufbeschwören …

Schlimm wäre es für mich, schwere gesundheitliche Probleme bei mir, meinen Kindern oder generell in meiner Familie zu erleben – oder Schicksalsschläge wie Unfälle. So etwas würde mich arg treffen! Was sich im normalen menschlichen Bereich bewegt, sind Enttäuschungen über andere Menschen, eine unglückliche Liebe oder geschäftliche Streitereien. Mit so was muss man fertig werden, auch wenn es manchmal schwer zu verdauen ist. Solche Dinge formen einen Menschen.

Vielleicht kann ich heute sagen, dass die ganzen Streitereien um die Steuern und der Ärger mit meinem damaligen Management für mich ein großes negatives Erlebnis waren. Aber so weit möchte ich gar nicht gehen, denn es ist ja bewältigt und ausgestanden. Doch damals war manches sehr, sehr hart. Ich war über die Maßen enttäuscht und sehr verletzt, um nicht das dumme Wort beleidigt zu sagen. Beleidigt ist im Grunde genommen Quatsch, man muss die Dinge einfach realistisch sehen. Enttäuscht bin ich vom Verhalten mancher Menschen, von Leuten, denen ich geglaubt habe und die mich dann hintergangen haben ... Oder wie auch immer man das bezeichnen will.

Es war eine zugegebenermaßen auch sehr komplizierte und komplexe Geschichte. Mit entscheidend war, dass ich in den verschiedensten Ländern der Welt aufgetreten bin – von Japan über Australien bis nach Europa. Was weiß ich, aus welchen verschiedenen Quellen ich mein Einkommen beziehe. Ich arbeite als Komponist und Texter, als Interpret im In- und Ausland. Als Urheber bekomme ich GEMA-Ausschüttungen. Das alles wird besteuert – es ist zweifellos kompliziert. Ich kenne mich da überhaupt nicht aus. Auch damals waren natürlich Experten notwendig, die das machen sollten. Ich war besten Glaubens, dass es gute Leute waren. Vielleicht waren sie das ja, aber sie haben auch sehr viel verkehrt gemacht.

Ein gravierender Punkt war zweifellos die vertraglich geregelte Einbehaltung von Steuergeldern durch meinen früheren Vertragspartner Montana. Auf der 70er-Tournee bekam ich von Montana eine Netto-Gage, alle Steuern wurden von Montana abgeführt. Aus diesem Grund war meine Gage auch sehr niedrig, während Montana eine sehr große Summe in Millionenhöhe für Steuerzahlungen zurückhielt, also um für mich die Steuern zu bezahlen. Als dann die Diskussion entbrannte, ob Österreich und/oder Deutschland ein Anrecht auf meine Steuern habe, fror Montana diese Steuerrücklagen ein und zahlte das Geld weder an mich noch an den Fiskus. Nun waren hohe

Forderungen offen, und in so einem Fall wendet sich dann das Finanzamt nicht an die Firma X, sondern direkt an den Steuerschuldner, also an mich. Das hat dann zum Konflikt geführt, was ja auch irgendwie verständlich ist.

Die einbehaltenen Steuergelder wurden vom deutschen Staat später mir zugesprochen. Jedenfalls haben es die Behörden so ermittelt. Das ist der ganze Sachverhalt und für mich der wesentlichste Punkt dieser gesamten Auseinandersetzung. So, das war jetzt mal eine kurze Erklärung zu dieser leidvollen Geschichte. Ich habe eine weiße Weste und stehe nicht als Steuerhinterzieher da. Ich habe große Zahlungen geleistet, zum Teil des lieben Friedens willen, obwohl ich der Meinung bin, nicht dazu verpflichtet gewesen zu sein. Aber gut, das ist ein anderer Punkt. Diese Sache ist abgeschlossen, zum Glück auch die Streitereien mit meinem alten Management, dem ich damals blind vertraut habe. Mehr will ich dazu auch gar nicht sagen.

Udo war mir gegenüber immer sehr ehrlich, wenn es um »das liebe Geld« ging. Nachfolgend habe ich seine Aussagen zu diesem Thema einmal zusammengefasst. Interessant sind seine Äußerungen über die Gagen in den Siebzigerjahren.

Immer wieder lese ich in den Zeitungen, wie viel Geld ich angeblich verdiene und wie reich ich sei. Ich will mal ganz offen ein Beispiel geben: Beim Bremer Konzert 1975 betrugen die Gesamteinnahmen 28 000 Mark. Die örtlichen Kosten für Plakate, Anzeigen und so weiter beliefen sich auf 9000 Mark. Die Reisekosten inklusive der Busse und Lastwagen, die Musikergagen und Personalkosten waren 12 000 Mark. Dann kommen noch die Prozente für das Management hinzu, sodass mir am Ende 4000 Mark übrig blieben. Natürlich gibt es auch bessere Abende, das hängt u. a. von der Größe der Halle ab. Es kann aber auch mal passieren, dass gar nichts unterm Strich bleibt.

Insgesamt gesehen verdiene ich auf einer Tournee sehr gut. Aber dafür arbeite ich auch sehr hart. Eine Tournee dauert meist ungefähr zwei Monate. Wenn man das aufs Jahr umlegt und den Aufwand berücksichtigt, der da betrieben wird, ist der Verdienst eine gerechte Sache. Niemand wird gezwungen, ins Konzert zu gehen. Aber die, die mich sehen, wissen, der tut auch was für sein Geld, der steht bis zum Ende im Schweiß seines Angesichts auf der Bühne, gibt sein Inneres und alles, was er zu geben vermag. Das ist auch für mich eine gewisse Rechtfertigung.

Wer in seinem Beruf top ist, kann viel Geld verdienen. Wenn heute, im Jahr 1975, ein Beckenbauer verkauft würde, käme für seinen Verein wahrscheinlich eine Summe von 10 Millionen heraus. Er selber wird auch ein Handgeld von vier oder fünf Millionen verlangen. Das ist nun mal so. Er ist der beste Libero der Welt und hat daher auch seinen Preis. Und diesen Preis bestimmt man nicht selbst, den bestimmt das Publikum. Das Publikum macht mich teuer, indem es meine Konzerte besucht. Die Nachfrage reguliert den Preis – das ist das alte System der freien Marktwirtschaft, zu der wir uns ja mehr oder weniger bekennen.

Wenn man in meinem Beruf eine Spitzenposition erreicht hat, hat man auch Spitzeneinnahmen. Man zählt aber auch zu den Spitzensteuerzahlern. Das war ich in Österreich und bin es jetzt auch wieder in der Schweiz. Oft werden die Leute durch falsche Zahlen einseitig informiert. Die Summen, die man in den Zeitungen liest, sind immer die Gagen. Ein Konzert von mir brachte im Jahr 1978 40 000 Deutsche Mark. Das klingt natürlich nach einem tollen Geschäft.

Aber die Wahrheit ist, dass ich davon den gesamten Apparat bezahle, der in Bewegung gesetzt werden muss, um ein Konzert durchzuführen. Die Crew inklusive Orchester und Techniker umfasst zwanzig Personen, die mit zwei LKWs und einem Reisebus unterwegs sind. Ein Musiker verdient bei mir auf Tournee 20 000 Mark im Monat – das ist ein Spitzengehalt. Die Miete und Wartung der Fahrzeuge, die Ton- und Lichtanlage, die Reisespesen … all das muss bezahlt werden. Nur mal ein Beispiel: Eine Birne in den Spots hat eine Brenndauer von zwanzig Stunden. Und eine einzige Birne kostet 500 Mark. Das ist jetzt nur eine Kleinigkeit, aber insgesamt sind es riesige Summen, die da zusammenkommen und selbstverständlich alle von mir getragen und von meiner Gage abgezogen werden.

Dazu kommt, dass ich eigentlich kein inniges Verhältnis zu Geld und keine Ahnung davon habe. Ich werde ständig aufgefordert, mich an irgendwelchen Geschäften zu beteiligen. Das mache ich aber nicht, weil ich, wie gesagt, nichts davon verstehe und immer eingebrochen bin, wenn ich spekuliert habe. So was liegt mir einfach nicht.

Ich verdiene mein Geld mit meinem Beruf. Aber man darf nicht vergessen: Es ist nicht so, dass dort, wo Geld ist, auch der Erfolg ist. Es gibt Leute, die von Hause aus viel Geld geerbt haben, aber im Leben erfolglos und unglücklich sind. Ich glaube nicht, dass Geld den Erfolg anzieht, wohl aber der Erfolg das Geld.

Ich habe mit ein paar Cent in der Tasche angefangen und zähle heute zu den sogenannten Spitzenverdienern. Das ist aber kein Grund abzuheben! Es war für mich nicht schwer, damit zurechtzukommen. Ich war schon alt genug, um das alles richtig einzuordnen und hatte lange Zeit ohne viel Geld gelebt. Ich hänge auch nicht an Äußerlichkeiten. Von Luxusautos oder Häusern kann ich mich ohne Weiteres trennen und sehr glücklich in einer hübschen, kleinen Wohnung leben. Auch das Erkennen, wie wir leben und was wir dazu brauchen, gehört zur Lebenserfahrung. Das darf ruhig zu einer Art der Bescheidenheit führen. Ein einfaches Beispiel: Ich habe ein sehr großes, schönes und repräsentatives Haus in Kitzbühel gehabt. Aber heute habe ich keine Sehnsucht mehr danach, denn ich habe festgestellt, ein solches Haus hat man nur, damit andere Leute zu Besuch kommen und »aaah« sagen. Und für dieses »aaah« der anderen hat man das alles gemacht. Selber kommt man gar nicht dazu, es zu genießen. Es ist alles viel zu teuer, man braucht Personal, und es ist zu unüberschaubar. Ich bin heute in meiner Züricher Wohnung viel glücklicher!

Doch zurück zum Thema – nicht ich hatte Probleme mit meinem Geld. Die hatten meine Berater, meine Finanzexperten und alle möglichen anderen Leute. Ich kümmere mich weder um die Börse noch um Grundstücksgeschäfte oder um sonst irgendetwas aus der Finanzwelt. Das interessiert mich auch gar nicht. Ich interessiere mich nur für Musik.

Aber da wir gerade übers liebe Geld reden: Natürlich bringt finanzielle Sicherheit auch eine gewisse Form von Freiheit mit sich. Das trifft besonders auf künstlerische Berufe zu. Ein Künstler ohne Geldsorgen kann frei entscheiden, welchen Weg er gehen will. Es gibt zwei Arten von Erfolgstypen: der Kraftmeier, der seinen Weg unbeirrt geht, auch wenn es falsch ist, woran er glaubt. Aber wir wissen, der Glaube kann Berge versetzen. Der andere Typ wählt den etwas mühsameren Weg. Das sind meist kreative Menschen, die den Erfolg gar nicht suchen. Solche findet man auch oft unter Schriftstellern.

Ich kenne Leute in künstlerischen Berufen, die überhaupt nicht diesen spektakulären Erfolg suchen und ihn trotzdem erlangen, weil sie einfach das Bedürfnis nach einer gewissen Wahrheit verspüren. Eine Wahrheit, die wir in der Kunst, der Literatur, der Musik und in Liedern brauchen. Viele Künstler haben das große Bedürfnis, diese gewisse Wahrheit zu suchen und zu finden. Wenn wir glauben, sie in irgendeiner künstlerischen Form gefunden zu haben, eignen wir uns diese Ausdrucksform an, erreichen damit andere und werden erfolgreich. Wenn Menschen auf der Suche nach ehrlichen Gefühlen auf Künstler treffen, die diese Gefühle vermitteln, machen sie den Künstler erfolgreich. Dadurch haben die Menschen untereinander auch eine Möglichkeit der Kommunikation gefunden. Diese Art des Miteinanders ist auch ein

Schutzschild, denn durch diese »Gefühls-Vermittlung« schützen wir uns selbst, ohne es zu wissen.

Und es wird noch komplizierter, denn das Publikum beschützt sogar den Künstler. Ein Beispiel: Wir denken bestimmt nicht daran, einen Schriftsteller zu beschützen, tun es aber, indem wir sein Buch kaufen. In diesem Moment beschützen wir einen sensiblen und ehrlichen Menschen, der vielleicht in unserer Gesellschaft zugrunde gehen würde, weil er ansonsten unter mächtigen Bossen leiden würde, die das Sagen haben. Die würden ihm vorgeben, was er zu schreiben hat. Genau dieser Literat wird plötzlich von Tausenden Lesern geschützt, weil sie sein Buch kaufen. Dadurch bekommt er materielle Macht, kann sich selbst schützen und sich von Zwängen befreien. Er kann selber bestimmen, welcher Weg für ihn richtig ist, und ihn mit seinem Verleger gehen. Das kann er nicht, solange er ein Niemand ist. Es gehört eine gewisse Macht dazu, die auch vom Materiellen mitbestimmt wird, um eine Position behaupten zu können. Das Publikum, die Gesellschaft als Ganzes, schenkt dem Künstler den Erfolg und schützt somit solch ein Individuum. Ich selber bin das beste Beispiel dafür.

6.

Ein Mann und seine Lieder

SONGS UND THEMEN

*Meine Lieder sind wie Hände,
die ich allen reichen möcht',
über Mauern und durch Wände -
Lieder, Lieder ohne Ende,
zärtlich und gerecht.*

Udo Jürgens war ein Gratwanderer zwischen Schlager, Chanson, Protest und Pop. Aber egal, welches Genre er bediente, seinen hohen Ansprüchen wollte er immer gerecht werden. Das spürte man mit den Jahren immer mehr. Udo ist nie stehen geblieben, er ging mit der Zeit – musikalisch und textlich. Gleichzeitig blieb er seinem Stil treu und unterwarf sich keiner Moderichtung. Vielleicht war gerade dies sein Erfolgsgeheimnis. Er war mit seinen Liedern immer nah am Geschehen. Hape Kerkeling hat einmal gesagt: »Udo Jürgens hat den Soundtrack zur Bundesrepublik Deutschland geschrieben.« Ähnlich äußerte sich auch Johannes B. Kerner: »Udos Lieder sind Teil der deutschen Seele.«

Udos Lieder behandeln fast alle Themen, die man sich vorstellen kann. Würde man seine Songs nach beliebigen Stichwörtern durchsuchen, könnte man wahrscheinlich bei jeder Sucheingabe mindestens einen Treffer vorweisen. Und so geht es auch den Fans: Fragt man seine Konzertbesucher nach ihren Lieblingsliedern, sind diese meist mit Lebenserinnerungen verbunden, mit Geschichten, die das Leben schreibt. Und Udo erzählte diese Geschichten. Er malte Bilder in Noten und präsentierte sie auf seine unverwechselbare Art – mal leise, mal laut. Damit erreichte er Millionen Menschen, er löste Emotionen aus, ermutigte zum Handeln, gab Hilfestellung und spendete Trost.

Und er war mutig, wenn es darum ging, heiße Eisen anzupacken! Schon 1970 gab es viel Aufregung um sein gesellschaftskritisches Lied »Lieb Vaterland« mit einem Text vom Satiriker Eckhart Hachfeld. Zeilen wie ›Lieb Vaterland, magst ruhig sein, die Großen zäunen ihren Wohlstand ein. Die Armen warten mit leerer Hand‹ oder ›Lieb Vaterland, wofür soll ich dir danken? Für die Versicherungspaläste oder Banken? Und für Kasernen, für die teure Wehr …‹ sorgten für heiße öffentliche Diskussionen. Bei vielen Radiostationen stand der Song auf dem Index und durfte nicht gespielt werden. In einer Sondersendung der ARD nahmen der Kulturkritiker Walter Schmieding und der Journalist Gerd Ruge Udo ins Kreuzverhör. 1998 aktualisierte Udo den Text und produzierte den Song erneut.
1988 veröffentlichte Udo das Lied »Gehet hin und vermehret euch«. Fernsehjournalist und Tagesthemen-Moderator Hanns Joachim Friedrich sprach einen Prolog, der mit den Worten begann: »Es ist Zeit, Alarm zu schlagen. An jedem Tag wächst die Zahl der Menschen auf unserem Planeten um 300 000, in jeder Woche über 2 Millionen …« Dieser Titel war ein Angriff auf die Katholische Kirche, die Empfängnisverhütung strikt ablehnte. Die Deutsche Bischofskonferenz erwog sogar wegen Beleidigung des Papstes Strafanzeige gegen Udo Jürgens zu stellen. Der Bayerische Rundfunk sprach ein Sendeverbot aus, und bei anderen Radiostationen wurde das Lied nur mit Einschränkungen und verkürzt gespielt. Grund war folgende

12 Udo voll konzentriert beim Interview im RTL-Studio

Textzeile, die an den Papst gerichtet war: »Und da hat einer gütige Hände und ein gutes, kluges Gesicht, aber denkt er das Diesseits zu Ende, wenn er vom Jenseits spricht? Kondom und Pille verpönt, denn aus beruf'nem Munde ertönt: Gehet hin und vermehret euch ...« Auch hier ging Udo keiner Diskussion aus dem Weg.
53 Studioproduktionen hat Udo veröffentlicht und dabei so manches Tabuthema aufgegriffen. Auch auf seinem letzten Album »Mitten im Leben« lässt er Ironie und Sarkasmus nicht zu kurz kommen. Mit dem Lied »Der Mann ist das Problem« nimmt er die Männerwelt aufs Korn. Im Text von Wolfgang Hofer heißt

es: »Wer hält sich für den Größten, seit sich diese Erde dreht? Wer spaltet die Atome, bis der ganze Laden untergeht? Wer geht in Freudenhäuser und erfand das Zölibat? Das ist nun mal die Wahrheit, er ist der Fehler im System, der Mann – ist das Problem.« Diese Zeilen empörten einen Mann derart, dass er bei Udos letzter Tournee in einigen Städten vor den Hallen dagegen demonstrierte. Udo nahm's gelassen und seine Konzertbesucher mit Humor.

Übrigens: Udo selbst fand, dass »Warum nur, warum« und »Was ich dir sagen will« zu den schönsten Liedern gehören, die er je komponiert hat.

Lieder sind für mich ein Teil meines Lebens. Ohne meine Lieder fühle ich mich schwach. Sie stützen mich, nachdem ich ihnen Starthilfe gegeben, sie gewissermaßen zur Welt gebracht habe. Sie tragen mich, wenn sie selbst flügge geworden sind. Ein Lied ist ein kleines, unwichtiges Etwas – aber es ist auch von unendlicher Wichtigkeit. Ohne Lieder zu leben wäre ein unerträgliches Dasein.

Die Ideen zu meinen Liedern entstehen überall – im Auto, in der Kneipe, zu Hause vor dem Fernseher, im Gespräch ... Das geht so weit, dass meine Lieder zum Teil von Menschen beeinflusst werden, die mir ihre Erlebnisse erzählen. Ich halte es für ganz entscheidend und wichtig, dass man nicht am Publikum vorbeimusiziert. In meinen Liedern, man kann es vielleicht Alltagsphilosophie nennen, werden Lebensproblematik, Lebensfreude und auch Negatives angesprochen. Dinge, wie sie jeder erleben kann oder tatsächlich erlebt. Probleme aus der Nachbarschaft ... Ich glaube, das ist auch der Erfolg meiner Lieder. Das Publikum kann sich mit ihnen identifizieren.

Die Fertigstellung der Songs ist dann weitgehend eine Fleißarbeit, und die mache ich im Arbeitszimmer. Das ist wie ein Gärungsprozess, der ganz langsam Formen annimmt. Und wenn ich komponiere, dann auch gleich orchestral. Ich höre immer das fertige Arrangement, während ich an einem Song arbeite.

Früher habe ich auch die Texte oft selber geschrieben, doch heute arbeite ich mit guten Leuten zusammen und gebe das aus der Hand. Ich treffe mich immer mit meinen Textdichtern, wir diskutieren alles bis ins Detail, erarbeiten die Themen. Ich selber sehe mich mehr als Komponist. Nur selten texte ich noch ganz alleine, wie zum Beispiel bei »Ein paar Worte, ein paar Töne«. Dieses Lied erzählt die Entstehung eines Songs von der gedanklichen Seite her. Da heißt es im Text: »Es ist nur ein Lied, beinah' nichts und doch so viel – ein paar Worte und ein paar Töne.« Auf dieses Lied bin ich sogar sehr stolz.

Ich bin felsenfest davon überzeugt, dass wir in der Musik das legitime Recht haben, uns der Wogen der Emotionen zu bedienen. Auch die Rockmusik hat uns dies ganz deutlich demonstriert. Musik darf unsachlich sein – sie muss es sogar, denn Musik ist nicht der Leitartikel einer Zeitung. Sie ist ein zusammengesetzter Fetzen von Gefühlen, die wir komprimieren. Wir Musiker dürfen karikieren und übertreiben, wir dürfen sogar lügen. Wir haben das Recht dazu! Ein Musiker, ein Sänger und jeder andere Künstler darf übertreiben, bis ins Groteske eine Situation schildern – der Sänger in seinen Texten, ein Zeichner mit seiner Karikatur. Auch er darf lügen und die Nase fünf Mal so groß zeichnen – so wie Charles de Gaulle immer nur mit einer Riesennase gezeichnet wurde. Ich übrigens auch, weil das nun mal ein typisches Merkmal von mir ist ...

Der Schriftsteller und Glossenschreiber Sigi Sommer hat mal eine wunderbare Geschichte über mich geschrieben. Er musste karikieren und übertreiben – das ist etwas Wesentliches seiner künstlerischen Ausdrucksform. Und so ist es auch bei uns Musikern. Wir dürfen in Gefühlen baden, wir dürfen auf der Bühne weinen und lachen. Mehr als ein Schauspieler, der in einem realistischen Stück in seiner Rolle bleiben muss. Wir dürfen ausufern, unsere Gefühle ausleben und in diesem Gefühlsstrudel unsachlich sein.

So ist es auch mit meiner Musik, sonst würde es sie gar nicht geben. Wenn ich den Vorwurf höre, meine Texte wären unsachlich und im Detail unrichtig, sage ich sofort: Sie haben vollkommen recht. Selbstverständlich ist »Aber bitte mit Sahne« zu hundert Prozent unsachlich. Vier Frauen fressen sich in einer Konditorei zu Tode, fallen der Reihe nach vom Stuhl, fahren in den Himmel empor und bitten den Herrgott, dass er ihnen den Weg noch mit Sahne bahne. Das ist natürlich eine Satire. Wer will, kann sogar sagen, das ist bösartig – aber dann hat er wenig Humor. Die Beatles waren für mich die Ersten, die satirische Texte einem Millionenpublikum präsentiert haben, Lieder mit echt überzeichneten Texten – »Yellow Submarine« zum Beispiel, um nur einen Song zu nennen.

»Aber bitte mit Sahne« war der erste Versuch, Satire auf breiter Schlagerbasis dem deutschsprachigen Publikum näherzubringen. Dieser Versuch ist geglückt. Als die Leute von der Plattenfirma den Text das erste Mal lasen, haben die mich für geistesgestört gehalten und gesagt: »Daraus wollen Sie einen Schlager machen? Mit so einem bösartigen, satirischen Text? Er liest sich wie eine Glosse oder würde in eine satirische Zeitschrift passen.« Als Lied konnten sie sich das nicht vorstellen. Ich habe denen gesagt, sie sollen bitte abwarten und sich das fertige Produkt anhören. Und die Nummer wurde ein Hit, wovon ich von Anfang an überzeugt war. Dann haben plötzlich alle zu mir gesagt: »Mensch, das ist genial.« Das war das erste wirklich satirische Lied, das in Deutschland ein breites Publikum erreicht hat. Und diese schamlosen Übertreibungen müssen in dieser Liederform drin sein, sonst würden die Songs nicht funktionieren, würden niemals zum Leben erweckt werden.

Ein Lied darf nie so geschrieben werden, wie ein Journalist eine Situation in seinem sachlichen Artikel beschreibt. Lieder müssen entweder in Poesie ertrinken, uns unglaublich schöne Bilder vermitteln oder bewusst an die Grenzen gehen. Lieder dürfen zu Recht sowohl in gefühlsbetonten Dingen übertreiben wie auch in unserer realistischen, harten Sprache ans Äußerste gehen. Sie dürfen Spannung erzeugen wie ein Gummiband, das kurz vor dem Zerreißen ist. Ich glaube, gerade auf diesem Gebiet wird sich in Zukunft noch sehr viel tun. Wir werden in unseren Textaussagen noch härter und realistischer werden.

Ich arbeite seit Jahren mit professionellen Textdichtern zusammen. Das ist das eine, aber ich bekomme auch täglich bis zu fünfzig Texte von fremden Leuten zugeschickt. Davon kann ich so gut wie nichts verwenden. Viele Texte sind einfach zu naiv. Man kann heute nicht mehr schreiben »ich bin so allein, muss das denn so sein«. Ich muss in der Themenauswahl differenzierter sein, und diese Weiterentwicklung muss man auf meinem Platten hören. Deshalb packe ich auch immer wieder mal ein heißes Eisen an.

Solche Themen interessieren mich ganz besonders, denn wer wagt sich schon an heikle Inhalte heran? Aber man muss dabei geschmackvoll bleiben und auf keinen Fall polemisieren. »Kind einer Nacht« ist so ein Tabuthema – ein Kind, das bei einem One Night Stand gezeugt wurde. Michael Kunze textete: »Kind einer Nacht, du lebst nur aus Versehen, verspottet und verlacht und vielen unbequem ...« Er schrieb auch den Text zu »Dabei könnt' sie meine Tochter sein« – ein Lied, das ebenfalls ein Grenzthema behandelt. Die Beziehung von einem erwachsenen Mann zu einem Mädchen, das seine Tochter sein könnte. Aber solche Beziehungen gibt es millionenfach. Auch von älteren Frauen zu jüngeren Männern. Solche Dinge sind alltäglich, doch gleichzeitig sind es Inhalte, über die man bisher lieber nicht gesungen hat. Solche Geschichten sind immer mit Problemen behaftet. Aber genau das macht es aus, dass sich Lieder von anderen unterscheiden. Und darum bemühe ich mich sehr.

Ein anderes Thema, das ich konsequent angegangen bin, ist die Kündigung im Job. Der Song heißt »Gefeuert«, und dieses Wort allein sagt eigentlich schon alles aus. Es geht um einen Mann, der jahrzehntelang für eine Firma gearbeitet hat und dann rausgeschmissen wird. Auch hier fand Michael Kunze die richtigen Worte: »Denn sie haben mich gefeuert, weil ich überflüssig bin. Wirft man mich zum alten Eisen auf den großen Müllplatz hin … Gefeuert …!« Ein Problem, das heute mehr denn je aktuell ist. Das Lied ist massiv, ein ziemlich hartes Ding! Man könnte sogar sagen, es ist ein Negativ-Lied, ein Problem-Song, der die Sorgen vieler Menschen anspricht. Es ist mir sogar schon bei Firmen-Galas passiert, dass die Direktion zu mir kam und mich bat, dieses Lied wegzulassen. Ich habe ihnen dann immer klargemacht, dass sie sich damit keinen Gefallen tun. Wenn das ein Journalist bemerkt, wird er sich fragen, warum die Firma das Lied nicht will, er wird nachhaken und recherchieren. Hat die Firma Entlassungen ausgesprochen oder plant sie welche?

Ich kann das auch gerne auf der Bühne ansprechen: Bei einer Kündigung gibt es immer zwei Beteiligte. Der Gekündigte und derjenige, der die traurige Pflicht hat, entlassen zu müssen. Beide sind letztlich Opfer. Schuld daran ist weder der eine noch der andere. Schuld daran sind politische Entwicklungen, manchmal sogar einzelne konkrete Politiker. Ich kann das ruhig konkreter sagen – falsch gesteuerte politische Strömungen wirken sich direkt auf die Gesamtentwicklung einer Wirtschaftssituation aus. Das sind eigentlich die wirklichen Faktoren, die Schuld haben.

Natürlich trifft es zunächst den härter, der seinen Job verloren hat. Aber eines Tages trifft es womöglich denjenigen, der die Kündigung ausgesprochen hat, noch härter. Der steht nämlich in der Hierarchie weiter oben, und wenn der fällt, fällt er noch tiefer. Wenn ich über solche Themen nachdenke, merke ich immer, wie viel Freiraum und Unabhängigkeit mir mein Beruf ermöglicht und wie dankbar ich dafür sein muss. Gott sei Dank kann ich nicht gekündigt werden. Ich kann mich von Menschen trennen, aber mich kann man nicht feuern, da ich nirgends angestellt bin und keinen Druck aus einer Chefetage bekomme. Das ist im Grunde genommen ein sehr schönes Gefühl.

Aber auch ich bin jemandem gegenüber verpflichtet. Diese Verpflichtung ist eine ethische, die ich höher einschätze. Ich bin ständig einer Öffentlichkeit gegenüber verpflichtet, die sich mit Millionen Ohren das anhört, was ich tue und was ich sage. Dieser Verpflichtung komme ich viel lieber nach, weil ich mit ehrlichen Gefühlen arbeiten kann und Farbe bekennen muss. Wenn die Öffentlichkeit mich feuert, bin ich natürlich gänzlich weg vom Fenster. Aber eine einzelne Person ist dazu nicht in der Lage. Darüber bin ich glücklich, denn das ist ein Gefühl von Freiheit.

Es ist verwunderlich, aber mein Lied »Gehet hin und vermehret euch« hat regelrechte Hass-Wellen ausgelöst. In München sind Leute vor das Funkhaus des Bayrischen Rundfunks gepilgert und haben demonstriert. Und sie haben es tatsächlich geschafft, dass der Sender den Song in Bayern verboten hat. Ich hätte den Verantwortlichen mehr Intelligenz zugetraut. Mit dem Lied wird dem kritischen Zuhörer klar, was in der dritten Welt los ist. Dort, wo die Armut regiert und Bildung nicht stattfindet, vermehren sich die Menschen unkontrolliert weiter und weiter. Das ist die Aussage meines Liedes, und Gott sei Dank habe ich es geschrieben. Und ich würde es jederzeit wieder tun.

Hätte ein Künstler wie Sting das Lied herausgebracht, hätten die Jubelperser es zum Hit gemacht. Diese Art mit Musik umzugehen ist für mich schockierend, das ist in keinem anderen Land so. Lieder müssen auch mal provozieren und aufrütteln! Ich muss als Künstler versuchen, Dinge anzustoßen und zu bewegen. Nimm einmal nur das Stichwort »Safer Sex« – mit Kondomen und der Pille könnte in Afrika und den unterentwickelten Ländern sehr viel unnötiges Leid verhindert werden.

Ich bin mit 28 Jahren aus der Kirche ausgetreten, denn ich wollte nicht einer Organisation angehören, die im Laufe ihres Bestehens so viel Schuld auf ihre Schultern geladen hat und dazu noch behauptet, die einzig wahre Kirche zu sein. Das ist die pure Arroganz! Nur der Name Gott gilt für sie. Hat man denen schon mal gesagt, dass es verschiedene Sprachen gibt und somit auch verschiedene Namen für Gott? Andere Religionen werden einfach nicht anerkannt, und das ist für mich der Anfang von Rassismus und Fremdenfeindlichkeit. Da marschiere ich nicht mit!

Als ich zusammen mit Friedhelm Lehmann den Text schrieb, haben wir ganz bewusst kein Blatt vor den Mund genommen. Da heißt es zum Beispiel: »Hat da nicht der

Teufel die Hände im Spiel? Denn der hat ja so viele Gesichter, schöne Masken der Niedertracht. Und der Schöpfer wird zum Vernichter, wenn er so weitermacht.« Und um es deutlich auszusprechen: Ich bezeichne mich als Atheist. Wir müssen auf unsere Welt, auf uns und unsere Kinder selbst aufpassen und die Verantwortung nicht auf einen Dritten abschieben, so nach dem Motto »Gott wird's schon richten«. *Wir* müssen es richten!

In vielen Texten meiner Lieder werden Probleme angesprochen, manchmal auch sogenannte Lebensweisheiten vermittelt, aber auch Träume geweckt. Manchmal frage ich mich, ob meine Lieder Wegweiser durch die Zeit oder Anstöße zum Umdenken geben und für andere eine Art von Lebenshilfe sein könnten. Das ist aber sicherlich schwierig und wird von jedem anders empfunden. Auch ich kann nicht so leben, wie ich mir das vorstelle und wie das in den Liedern beschrieben wird. Das ist in einer Zeit der Bedrohung und Bedrückung nicht möglich, aber das Lied ist mit das Letzte, was uns bleibt. Wir dürfen die Hoffnung niemals aufgeben, auch wenn wir manchmal Gefahr laufen, das zu tun. Ich bin der Meinung, Lieder sollten keine Lügen verbreiten, aber auch nicht dazu führen, den Kopf in den Sand zu stecken. Lieder sollten Hoffnung wecken. Solange wir miteinander reden und uns dabei in die Augen schauen können, solange muss auch die Hoffnung mit uns sein.

Ich möchte noch etwas erklären, das mir selber im Zusammenhang mit meinen Liedern sehr wichtig ist. Dafür muss ich ein wenig ausholen. Ich habe meinen Erfolg sehr spät gehabt. Mit dreißig wurde ich erst bekannt. Anfang der Siebzigerjahre war ich mit fünfunddreißig in Deutschland ein riesiger Star für junge Leute, obwohl ich im Grunde genommen für Teenager schon viel zu alt war. Dass meine Karriere so spät begonnen hat, bringt viele Vorteile, aber auch Nachteile mit sich.

Die Vorteile überwiegen: Durch mein Alter stehe ich heute auf festen Beinen, kann seelisch den Berufsstress besser verarbeiten. Ich kenne zu viele Greise mit fünfundzwanzig, die mit achtzehn Jahren große Stars und mit vierundzwanzig wieder vergessen waren. Das ist ein sehr hartes Schicksal, das mir zum Glück erspart geblieben ist. Wenn man spät Karriere macht, kann der große Absturz nicht so leicht passieren. Auf der anderen Seite gehe ich jetzt auf die sechzig zu und bin damit in einem Alter, in dem man nicht mehr alles für die Karriere tut und nur der Ehrgeiz an erster Stelle steht. Beispielsweise hat es für mich nicht die oberste Priorität, noch in Amerika ein Superstar zu werden. Gott sei Dank denke ich nicht so, denn solche Leute werden oft psychisch krank. Heute steht mein Leben an erster Stelle, die Weiterentwicklung meiner Persönlichkeit und meine Freiheit. Das zählt für mich jetzt mehr als alles andere.

In puncto Weiterentwicklung werde ich ständig gefragt, ob es einen »neuen Udo« gibt. Es kann aber keinen neuen Udo geben, es kann nur neue Lieder geben. Ein Mensch bleibt stabil, wenn er eine starke Persönlichkeit hat. Hat er eine schwache, verändert er sich ständig. Er färbt sich die Haare, hat jedes Jahr eine andere Frisur ... eben weil er unsicher ist. Wenn man in sich selbst stabil ist, bleibt man als Mensch im Großen und Ganzen gleich.

Man wird älter, das ist klar. Und mit dem Älterwerden verändert sich die Psyche. Ich will gar nicht sagen, man wird reifer und klüger, aber man macht Erfahrungen, die das Leben prägen.

In meinem Fall lasse ich diese Erfahrungen in meine Lieder einfließen. Wenn ich beispielsweise persönliche Probleme habe, spornt mich das an. Ich habe in der Zeit, als ich den großen Ärger mit den Finanzämtern hatte, mitunter die besten Lieder geschrieben. Vielleicht auch in einer Form von Trotzreaktion oder in einer Art von Flucht. Wenn ich die Nase voll hatte von Akten und Anwälten, die vergeblich versuchten, mir Dinge zu erklären, die ich sowieso nie verstehen werde, habe ich mich oft in meiner Verzweiflung ans Klavier gesetzt. Manchmal ist dann ein richtig gutes Lied dabei herausgekommen.

Probleme führen bei mir zu keinem Stillstand, sondern vielmehr zu einer künstlerischen Aggression. Und Aggression ist in diesem Fall Kreativität! Im Laufe der Jahre werden meine Lieder zweifelsohne interessanter, weil sich auch meine Interessen verlagern. Dabei muss man aufpassen, dass man in seinem künstlerischen Schaffen sich selbst gegenüber nicht zu anspruchsvoll wird und dann am Publikum vorbei arbeitet. Dieses Problem haben viele Künstler. Ich könnte eine ganze Latte von Namen aufzählen, die musikalisch immer verstrickter wurden und Schwierigkeiten mit dem Publikum bekamen. Elton John ist so ein Beispiel. Der steckte in einer Krise, weil seine Platten zu kompliziert wurden und sich sein musikalischer Weg zu weit vom Publikum entfernte.

Natürlich wollen die Leute keine dummen oder simplen Lieder, aber sie haben eine Sehnsucht nach schönen Melodien. Auch ich muss aufpassen, dass ich bei manchen Passagen auf LPs nicht zu kompliziert werde. Aber ich habe diese Gefahr erkannt und achte darauf, dass ich »gesunde und hübsche« Lieder schreibe.

Eine andere Gefahr bei mir ist meine ausgeprägte Anhänglichkeit. Ich kann mich ganz schwer von Leuten trennen. Auch von solchen, von denen ich mich längst hätte trennen sollen. Das kann zum Problem werden. Das muss ich ehrlich zugeben. Ich muss aufpassen, dass ich nicht Gefahr laufe, alles zu einer Insider-Geschichte zu machen. Deshalb achte ich bei jeder Produktion darauf, dass ich auch mal neue, jüngere Musiker dazuhole, um neue Spielarten zu probieren. Ich könnte nicht zwölf Jahre mit den gleichen Orchestermusikern arbeiten – dann würden wir heute wie 'ne Altherrenmannschaft spielen. Meine musikalische Auffassung ist viel zu lebendig und beweglich, um immer mit den gleichen Leuten zu produzieren. Ich brauche auch neue Anstöße, um immer wieder ideenreich zu sein.

Ich glaube, meine Songs sind auf der Höhe der Zeit, sind modern im Sound und stark im Text. Aber der Mensch Udo Jürgens, der auf der Bühne steht, bleibt sicherlich der gleiche – ein Mann und seine Lieder. Und bei allem Neuen darf ich auch das »gute Alte« nicht vergessen. Ein Lied, das einmal besteht, lebt von ganz allein. Ein uraltes Lied unserer Eltern, das man heute noch singt, wie »Wer soll das bezahlen, wer hat so viel Geld …«, ist ein unsterbliches Lied. Das kann kein Mensch zerstören.

Man kann die Noten verbrennen, alle Platten auf den Müllhaufen werfen ... das Lied bleibt im Bewusstsein der Menschen bestehen. Ein anderer wird es wieder singen, und so lebt es weiter. Das ist es, was mich an meinem Beruf so fasziniert. Lieder wie der »Griechische Wein« haben so etwas Unzerstörbares. Nicht mal eine Atombombe kann solchen Liedern etwas anhaben. Sie kann Menschen töten und Häuser in Schutt und Asche legen, aber die Lieder vernichtet sie nicht! Wenn ich das mal in seiner ganzen Konsequenz überdenke, läuft mir ein Schauer über den Rücken.

13 Auch wenn der dunkelblaue Smoking mit dem roten Einstecktuch sein Markenzeichen war, gab es immer wieder auch Gelegenheiten, sich anders zu präsentieren. Zum Beispiel in elegantem Weiß 1989 in der ZDF-Show.

7.

Lieder, die auf Reisen gehen

UDO JÜRGENS – DER KOMPONIST UND EINZELGÄNGER

Lieder, die auf Reisen gehen,
hemmt kein Zaun, kein Schwert,
denn sie ziehen ungesehen,
doch nicht ungehört.

Oft konnte ich erleben, dass Udo sich mit Musikern und Kollegen unterhalten und ausgetauscht hat. Dabei ging es um alle möglichen Themen, aber häufig stand die Musik im Mittelpunkt. Besonders interessant für mich waren die Gespräche zwischen Pepe Lienhard und Udo, wenn wir nach einem Konzert noch in einer Kneipe oder einem Restaurant zusammensaßen. Es war erstaunlich, wie sich die beiden nach drei Stunden harter Bühnenarbeit noch an kleinste Details erinnern konnten. Da fielen Sätze wie »An der Stelle war heute die Violinistin nicht genau auf dem Punkt ...« oder »Morgen beim Soundcheck spielen wir nochmal die Anfangstakte vom zweiten Lied ... da müssen die Bläser früher einsetzen«. Zwei Perfektionisten, die sich blind verstanden.
Die Zusammenarbeit mit Profis auf der Bühne und im Studio war Udo sehr wichtig. Er konnte zuhören und diskutieren, aber die letzte Entscheidung lag bei ihm. Er musste überzeugt sein von dem, was er später seinem Publikum präsentieren wollte. Das traf auf seine eigenen Produktionen genauso zu wie auf die, welche er für andere zu verantworten hatte – beispielsweise die Aufnahmen mit der Deutschen Fußballnationalmannschaft. Von der Konzeption bis zur letzten Abmischung im Tonstudio mit seinem seit Jahrzehnten vertrauten Produzenten Peter Wagner – Udo dirigierte

das Geschehen. Und wenn eine Sache dann zu seiner vollen Zufriedenheit im Kasten war, konnte Udo sich daran begeistern und freuen wie ein kleines Kind.

Das konnte er auch, wenn internationale Künstler und Stars seine Kompositionen interpretierten. Dann war er sogar etwas stolz und empfand es als Anerkennung. Er konnte von Shirley Bassey und den Supremes schwärmen oder Sammy Davis Jr. bewundern. Und er konnte sich für Kollegen begeistern, von Musikern bis hin zu Komikern und Entertainern.

Beim Stichwort »Kollegen« fällt mir noch eine nette Begegnung ein. Während der Zeit meiner Fernsehproduktionen lebte ich in München und traf Udo dort sehr häufig. Wir gingen oft in das altbekannte Szenelokal »Alter Simpl« in Schwabing. Eines Abends rief Udo mich an und sagte: »Lass uns heute im ›Simpl‹ treffen, ich möchte dir einen guten Freund vorstellen.« Der gute Freund war Harald Juhnke, der es gerne hörte, wenn man ihn als den »deutschen Frank Sinatra« bezeichnete. Harald Juhnke war ein grandioser Entertainer, der in seiner Art aufzutreten Udo manchmal sehr ähnlich war. Kein Wunder also, dass die beiden zuerst einmal fachsimpelten. Es ging um Bühnen-Performance, Liedtexte und Fernsehsendungen … Aber nach ein paar Schoppen Weißwein war ein Themenwechsel angesagt. Wir hatten einen unvergesslichen, lustigen »österreichisch-berlinerischen Abend«.

Ich glaube, ich bin ein Einzelgänger. Allerdings meine ich das nicht negativ, sondern als Einzelgänger bezeichne ich den auf sich selbst gestellten schaffenden Künstler. Das heißt nicht, dass man in unserer Branche allein wie ein Wolf durch den Wald streift. Wir müssen heute alle in einer Gemeinschaft leben und arbeiten, das ist ganz klar. Ich brauche meine Partner, meine Produzenten, meine Textdichter, meine Orchestermusiker, Leute für meine optimale Performance auf der Bühne. Als ich angefangen habe, war ich der »lonely Cowboy«. Das hat sich natürlich geändert, aber mit meinem musikalischen Schaffen bin ich ganz alleine auf mich gestellt. Nur wenn ich mich selber sozusagen dem Publikum rüberbringe, funktioniert meine Musik. Wenn man heute ein Lied von mir auflegt, weiß man genau, was der Udo Jürgens denkt und ausdrücken will. Das muss man so hinnehmen und akzeptieren oder auch nicht.

Aber neben den Einzelgängern gibt es natürlich auch die »Gruppengänger«. Wenn ich heute Supertramp auflege – ich liebe diese Gruppe sehr und es sind fantastische Musiker –, dann ist deren Musik nicht der Gedanke eines Komponisten und eines Textdichters. Wer in der Band wirklich dominiert, weiß man vielleicht, wenn man sich ganz genau damit beschäftigt. Im Großen und Ganzen aber herrscht der Geist der Gruppe vor, sie sind eine Gemeinschaft von Leuten, die zusammen musizieren. Da wird gemeinsam komponiert, gemeinsam getextet, da werden sich Gedanken gemacht, welcher Sound im Trend liegt und so weiter. Bei Genesis und anderen erfolgreichen Acts war und ist das genauso. Da beherrscht das Gruppendenken die Musik. Wenn ich von denen eine Platte auflege, habe ich nicht mehr das Gefühl, John Wayne über die Prärie reiten zu sehen. Ich meine damit, ich höre nicht die Verwirklichung einer einzelnen Person, sondern ich höre nur einen Zeitgeist.

Der große Erfolg dieser Gruppen ist, dass aus deren Musik die Sprache und die Empfindungen der jeweiligen Zeit sprechen, nicht aber der Geist eines Einzelnen. Ob dieses künstlerische Schaffen in Gruppen immer gut ist, ist eine andere Frage, denn dadurch wird auch die Kreativität des einzelnen Künstlers oder Musikers eingeschränkt. Wenn wir früher in einen John-Wayne-Film gegangen sind, wollten wir den Einzelgänger sehen – einer gegen alle. Ein Mann, der seinen Standpunkt und sein Leben verteidigt und irgendwie zum Ziel kommt und siegt. Das wollten wir sehen, damit wollten wir uns identifizieren. Der allein Schaffende ist heute seltener geworden. Ich schaue mit Bangen dem Tag entgegen, wenn auch Bücher in Gruppen geschrieben und Bilder in Gruppen gemalt werden. Dann möchte ich eigentlich das Mikrofon aus der Hand legen.

Ein anderes Gruppendenken dagegen ist die Zusammenarbeit mit anderen Künstlern oder Auftraggebern, um dieses bürokratische Wort einmal zu benutzen. Ein gutes Beispiel dafür ist die Deutsche Fußballnationalmannschaft, für die ich zur Fußball-Weltmeisterschaft 1978 eine Langspielplatte produziert und das Lied »Buenos Dias, Argentina« geschrieben habe.

Ich habe mir sehr, sehr lange überlegt, was ich mit der

Nationalmannschaft mache. Naheliegend wäre es, die Fußballer Wanderlieder singen zu lassen und dazu noch eine Zugnummer wie »Hoppla vor, noch ein Tor« oder so was Ähnliches zu schreiben. Vielleicht Lieder in Richtung Heino. Aber die Fußballer selber waren lauter moderne, junge Burschen Anfang oder Mitte zwanzig, die in Diskotheken gingen und moderne Musik hörten. Die haben gleich zu mir gesagt: »Wir wollen was singen, was uns gefällt, zu dem wir stehen können.« Dann haben wir lange nachgedacht.

Das Thema Fußball fasziniert die ganze Welt. Die Menschen sind in ihrer Freizeit selten von etwas dermaßen beeindruckt wie vom Phänomen Fußball. Wir lesen jede Woche von gefeuerten Trainern, von abstiegsgefährdeten Mannschaften, von Millionenverlusten für einen Verein. Hinter diesem Spiel steckt großer Ernst. All diese Gedanken habe ich mir durch den Kopf gehen lassen. Dann habe ich mit meinen Textdichtern diskutiert und herausgekommen sind Lieder, die sich im weitesten Sinne mit Fußball beschäftigen. Da wird zum Beispiel die Einsamkeit des Trainers geschildert, der nach riesigen Triumphen mit seiner Mannschaft verliert und in die Abstiegszone gerät. Das Lied heißt: »Wer spricht schon vom Verlierer«. Solch ein Thema gehört auch zum Fußball. Dieses Konzept hat dem Deutschen Fußballbund und den Spielern sehr gut gefallen. Ich habe dann die LP-Produktion unter modernsten Gesichtspunkten sehr sorgfältig erarbeitet. Und dazu gelang uns natürlich dieser »Schuss« mit dem Lied »Buenos Dias, Argentina«, welches der Titelsong der LP und ein Superhit wurde.

Mit solch einer Fußball-LP erreichten wir ein Publikum, das normalerweise vielleicht keine Musik von mir kaufen würde. Andererseits habe ich mit dieser Platte Interesse für diesen Sport bei Menschen geweckt, die bisher nicht fußballbegeistert waren und sich nun für die Bundesliga oder die Weltmeisterschaft interessierten. Das ist doch eine schöne Wechselwirkung.

Wieder anders ist es, wenn mich Kollegen bitten, einen Song für sie zu schreiben, weil sie sich davon womöglich einen größeren Erfolg versprechen. Aber eine Erfolgsgarantie gibt es nun einmal nicht. Ich kann mich bemühen, ein Lied zu schreiben, das in seiner Art, handwerklich und vom Thema her zu einem Interpreten passt. Ob es ein Erfolg wird, ist nicht vorhersehbar.

Es ist aber immer sehr interessant, Songs, die ich geschrieben habe, von anderen Künstlern zu hören. In einem Fall gefällt mir die Version eines Kollegen besser als meine eigene: Matt Monros englische Aufnahme von »Warum nur, warum«. Er hat mehr aus dem Lied gemacht als ich. Aber meistens ist es so, dass man bei anderen Aufnahmen das Gefühl hat »... na, ich weiß nicht so recht ... da hätte man noch mehr rausholen können«. Ich habe oft eine andere Auffassung von der Umsetzung eines Liedes. Aber jeder kann seine Version machen, und das Schöne daran ist, dass die Interpretationen so unterschiedlich sind. Ich finde es gut, dass es im Gegensatz zur Klassik in der Unterhaltungsmusik keine Gesetze gibt, die bestimmen, dass immer alles gleich interpretiert werden muss. In unserer Branche kann jeder in seinem Stil musizieren. Aber eines brauchst du immer – eine eigene Persönlichkeit.

Spannend ist auch die Zusammenarbeit mit internationalen Stars. Wenn man mich fragt, welche internationalen Künstler ich bewundere, fallen mir sehr viele Namen ein. Aber eine Kollegin muss ich immer wieder erwähnen: Shirley Bassey. Ich kenne sie persönlich, bin einige Male mit ihr zusammen aufgetreten, und wir waren gemeinsam in Südamerika. Da hat sich eine recht gute Freundschaft entwickelt, und ich bin ganz stolz und glücklich darüber, dass sie auf einer Langspielplatte ein Lied von mir aufgenommen hat. Der Text dazu stammt von Don Black, der einen Oscar für den besten Song im Film »Born Free« bekommen hat. Es ist ein sehr interessantes Thema für jemanden, der selber singt. Auf Deutsch übersetzt heißt es »Wenn ich niemals mehr ein Lied singen würde« und im Original »If I Never Sing Another Song«.

Immer wenn ich das Lied von Shirley Bassey gesungen höre, bekomme ich eine Gänsehaut. Es ist für einen Komponisten ein unerhört ergreifendes Gefühl, wenn man eine so schöne Version von einem Song hört, den man selber geschrieben hat. Übrigens war Elton John daran beteiligt, dass dieses Lied nach Amerika gekommen ist. Er hat es in einer Aufnahme von mir gehört und es dem britischen Verleger Dick James vorgespielt, der auch die Kompositionen der Beatles verwaltete und mit Elton John eng zusammenarbeitete. Er hat das Lied an Shirley Bassey weitergegeben. Inzwischen habe ich aus Los Angeles gehört, dass Frank Sinatra zugesagt hat, dieses Lied auf seine nächste LP zu nehmen. Ich hoffe, dass es dazu kommt, denn es wäre der Wunschtraum meines Komponistenlebens, dass Sinatra einmal ein Lied von mir singt.

Udo erzählte mir dies in den Achtzigerjahren. Letztendlich hat Frank Sinatra das Lied Sammy Davis Jr. überlassen, der es dann bis zu seinem Tod immer am Ende seiner Konzerte sang.

Es gibt aber auch ein Beispiel dafür, dass ein Lied für jemand anderen geschrieben wurde und ich es übernommen beziehungsweise einer Gruppe »legal geklaut« habe. Der Texter Eckhard Hachfeld war bei mir zu Hause und legte versehentlich Manuskripte auf mein Klavier, die eigentlich gar nicht für mich bestimmt waren, sondern für die Hamburger Rentnerband. Obwohl mir das nicht zustand, habe ich mir die Texte durchgelesen und stieß dabei auf den Tante-Emma-Text. Ich habe dann die Rentnerband angerufen und die Jungs gebeten, mir den Text zu überlassen. Ich wollte ihn so gerne selbst vertonen und singen. Kollegialerweise haben sie meinem Wunsch entsprochen, und so ist das Lied »Tante Emma« entstanden.

Ich mochte das Thema sofort! Es geht mir und vielen Leuten oft so, dass man in einem großen Einkaufscenter steht und eigentlich gar nicht weiß, was man kaufen soll. Ich bin recht ratlos, wenn ich durch diese überfüllten Regalreihen wandere und einen Einkaufswagen vor mir herschiebe. Dann kommt es vor, dass man sich »verkauft«, um es mal so zu sagen. Mir jedenfalls ist das schon oft so ergangen. Da habe ich dann Sachen im Korb, die ich eigentlich gar nicht wollte. Mit diesem Problem, was in Wirklichkeit ja kein echtes Problem ist, habe ich mich schmunzelnd auseinandergesetzt. Ich glaube, dass mir die Discounter nicht böse sind, wenn ich ein paar kritische

Anmerkungen zu dieser Art des Einkaufens in ein Lied verpackt habe: »Im Einkaufs-Center und Discount, da bin ich immer schlecht gelaunt. Im endlos großen Supermarkt, da droht mir gleich ein Herzinfarkt ...« oder »Im Supermarkt bin ich allein, beim Suchen hilft mir da kein Schwein ...«

Das ist natürlich überzogen und spaßig gemeint. Ich sehne mich ein wenig nach diesen alten Geschäften an der Ecke, die es früher überall gab und die heute so selten geworden sind. Wenn ich in meinem Haus in Portugal oder zu Hause in Zürich bin, mache ich mir sehr gerne mein Frühstück selbst und gehe dafür auch sehr oft einkaufen. Dabei habe ich schon so manchen guten Rat und Tipps von Hausfrauen bekommen.

In der Kochsendung *Alfredissimo* mit Alfred Biolek hat Udo sein Lieblings-Frühstück verraten: Rühreier mit Tomaten, Salami und Bacon. Hier ist das Rezept für Sie zum selber zubereiten:
Man braucht 6 frische Eier, 4 Tomaten, 100 Gramm harte Salami und 100 Gramm Bacon (Frühstücksspeck). Dann muss man eine Gewürzmischung zubereiten. Dazu nimmt man zu gleichen Teilen schwarzen und weißen gemahlenen Pfeffer, Paprikapulver, Cayennepfeffer, Chilipulver und zerkleinerte Pfefferschoten. Die Tomaten werden in kleine Stücke geschnitten und in einer heißen Pfanne gedünstet, bis die Flüssigkeit verdampft ist. In einer anderen Pfanne werden die Salami- und Speckscheiben knusprig gebraten. Nun werden die Eier aufgeschlagen und über die Tomaten

gegeben. Zum Schluss noch die Gewürzmischung dazugeben und die krossen Salami- und Speckscheiben darüberlegen.
Das geht ganz einfach und schnell. Guten Appetit!

8.

Ihr Lieben daheim

DIE FAMILIE UND EIN PRIVATLEBEN IN DER ÖFFENTLICHKEIT

Schließlich sieht doch wohl jeder ein:
Es ist kein Verdienst, jünger zu sein,
aber auch alt sein heißt nicht,
dass man alles weiß.

Da ich Udo mehrfach privat in Zürich besuchte und auch von ihm zu Premieren, Konzerten, Preisverleihungen und privaten Anlässen eingeladen wurde, traf ich manchmal auch seine Familie und sein engstes Umfeld – seine Eltern, seinen Bruder Manfred Bockelmann mit Frau, Panja, die Kinder, Freundinnen und Freunde.

Manfred Bockelmann lernte ich bereits Ende der Siebzigerjahre in München kennen. Wir hatten sehr schnell ein freundschaftliches Verhältnis. Mit ihm verbindet mich außerdem noch eine besonders interessante Geschichte: 1985 erschien das Konzept-Album »Neuland Suite« vom norddeutschen Sänger Hans Hartz, das er mit seinem Produzenten Christoph Busse erarbeitet hatte. 16 Songs erzählen eine romantisch verklärte Geschichte von 100 Männern, die ausziehen, um eine neue, bessere Welt zu finden. Nach langer und schwieriger Reise finden sie aber überall eine ebenso zerstörte Welt wie die zu Hause, überall ist schon Blut unter dem Sand! Darauf beschließen sie, umzukehren und sich daheim für eine bessere Zukunft einzusetzen. Mir wurde angetragen, dieses Album zu verfilmen.

Ich war Produzent und verpflichtete neben Hans Hartz keinen Geringeren als den bekannten Schauspieler Horst Frank. Musikalische Gastrollen wurden mit Nazareth-Sänger Dan McCafferty und Udo Lindenberg

besetzt. Und Manfred Bockelmann übernahm die Regie. Gedreht wurde auf dem weltberühmten Segelschiff *Sea Cloud* im Nordatlantik, auf Lanzarote, in Gibraltar, Las Palmas, Lissabon, Schottland, Hamburg, München und Baden-Baden.
Am 25. November 1987 lief der Film im Abendprogramm der ARD, nachdem der Bayerische Rundfunk die TV-Rechte gekauft hatte. Im selben Jahr erhielt die »Neuland Suite« von Fuji Television Japan bei der »International Music- and Video-Competition '87« in Tokio den Produzenten-Award für eine der besten Videoproduktionen weltweit. Diesen Erfolg hatten wir zu großen Teilen Manfred zu verdanken, der grandiose Bilder zauberte. Natürlich freute sich auch Udo mit seinem Bruder und mir über diese wunderbare Anerkennung.
Wie bereits erwähnt besuchte ich Udo einige Male in Zürich. Er hatte anfangs ein Haus auf dem »Dolder«, in dem er mit seiner ersten Ehefrau Panja und den Kindern Jenny und Jonny lebte. Ich war für mehrere Tage dort und bekam das Gästezimmer. Es war bekannt, dass beide andere Beziehungen hatten, woraus Udo und Panja auch keinen Hehl machten. Panja war zu der Zeit mit Udos Sekretär und Udo mit seiner Freundin Nina liiert, die zum gleichen Zeitpunkt wie ich zu Besuch war.
Eines Nachts ging ich spät noch einmal in die Küche, um etwas zu trinken, und sah dort noch Licht. Da saßen Udo und Panja in trauter Zweisamkeit und erzählten sich sehr persönliche Dinge, die sie tagsüber so

erlebt hatten. Ich wollte nicht stören, doch Udo sagte: »Setz dich noch zu uns. Wir haben hier keine Geheimnisse.« So wurde ich Zeuge einer scheinbar selbstverständlichen Offenheit, wie sie bestimmt nicht viele Paare ausleben.

Am nächsten Mittag, Udo schlief gerne lange, meinte er: »Komm, wir beide fahren jetzt frühstücken.« Wir fuhren im 600er Mercedes zum Yachthafen, stiegen auf Udos Boot und fuhren bei strahlend blauem Himmel über den Zürichsee zu einem kleinen Restaurant, wo Udo Hausgemachtes und etwas Wein aufdecken ließ. Dort unterhielten wir uns bis in den späten Nachmittag und blieben ungestört. Keine Fans, keine Fotografen – Udo wusste, wo er sich »verstecken« konnte. Hin und wieder war das auch nötig, denn laut der Erhebung eines Marktforschungsinstitutes kennen 95 Prozent aller Bundesbürger Udo Jürgens. Das konnte ich mehrfach hautnah erleben. Ein Beispiel: Auf dem Weg nach Florida besuchte mich Udo Jürgens für einen Tag in Luxemburg. Er war zu einem Clubkonzert nach Miami Beach eingeladen worden. Bevor er am nächsten Morgen von Luxemburg nach Nassau weiterflog, hatten wir Zeit für ein Radio-Interview und ein paar private Stunden. Wir wollten in Ruhe gemeinsam Mittag essen, kamen jedoch kaum dazu, geschweige denn ungestört zu reden. Udo wurde alle paar Minuten von fremden Leuten angesprochen. »Bitte nur ein Foto zur Erinnerung ... Bitte ein Autogramm für Heidi ... Könnten Sie mir bitte die Speisekarte signieren ... Hätten Sie bitte Zeit für einen Eintrag ins Gästebuch ...« So ging es ununterbrochen. Ich bewunderte Udos Ruhe und Gelassenheit, mit der er alle Wünsche freundlich erfüllte.

Oft trafen wir uns auch auf den Tourneen, wenn ich Udos Konzerte besuchte. Danach ging es regelmäßig noch zum Abendessen und zum Umtrunk im kleinen Kreis. Ich erinnere mich gut an einen Herbstabend in Köln. Udo, ein paar Freunde und ich schlenderten nach einem Besuch in Kölns bekanntem Altstadt-Restaurant »Die Keule« durch die Gassen der Domstadt zum Hotel. Udo war in Begleitung eines sehr hübschen, blonden Mädchens, und die beiden machten einen sehr verliebten Eindruck. Wir gingen noch an die Bar und fuhren dann zu dritt im Aufzug auf unsere Etagen. Plötzlich stoppte Udo den Fahrstuhl und sagte zu mir: »Bevor du's aus der Zeitung erfährst. Das ist meine neue Lebenspartnerin Corinna.« Es ist bekannt, wie die Geschichte weiterging und wie sie endete. Udo heiratete Corinna Reinhold 1999, zehn Jahre nach der Scheidung von Panja. 2006 wurde auch diese Ehe wieder geschieden.

Im Gegensatz zu Udos vielen »Love Affairs« war er sehr treu, was seine Freundschaften betraf. Manchmal allerdings konnte er auch alte Bekannte und Weggefährten mit seiner mitunter brüskierenden Wahrheit verletzten, was er aber nie wollte oder absichtlich herbeiführte. Dafür war er zu sensibel und mitfühlend. Aber Trennungen gehören nun mal auch zum Leben. Vor einer Gala in Darmstadt saßen wir mit seinem Assistenten Billy Todzo und Mucki Stammler vom Züricher

Management zusammen und kamen auf dieses Thema. Udo war der Meinung, dass es keinen Sinn hätte, Dingen nachzulaufen oder ihnen nachzutrauern, wenn sie beendet sind. Dass sich Wege aus unterschiedlichsten Gründen trennen, müsse man akzeptieren und tolerieren.

Aber manche Wege trennten sich bis zu seinem Tod nicht. Udo selber sprach immer von einer »Handvoll guter Freunde«. Dazu zählten sein Bruder Manfred, die Schauspielerin Senta Berger, der ehemalige deutsche Außenminister Hans-Dietrich Genscher, der Fotograf Hansi Hoffmann, sein Manager Freddy Burger und der Schweizer Orchesterleiter und Musiker Pepe Lienhard. Außerdem der kürzlich verstorbene Joachim »Blacky« Fuchsberger (1927–2014), der für ihn die Texte zu den Liedern »Was ich dir sagen will«, »Der große Abschied«, »Schau, es schneit« und »Dann kann es sein, dass ein Mann auch einmal weint« geschrieben hat.

Es sollte hier noch erwähnt werden, dass Udo zwei uneheliche Töchter hat. Zu beiden, Gloria Burda (21) und Sonja Jürgens (50), hatte er ein sehr gutes Verhältnis und integrierte sie in die Familie. Allerdings soll Udo in letzter Zeit zu Tochter Gloria den Kontakt etwas reduziert haben. Sie war es auch, die nach Udos Tod Klage einreichte, weil sie nur als Vermächtnisnehmerin mit einem Pflichtteil und nicht als vollwertige Erbin bedacht wurde.

Am 2. Mai 2016 meldeten die *Bild*-Zeitung und mehrere Presseagenturen, dass ein Schweizer Gericht ein Urteil gefällt und somit den unwürdigen Streit um

Udos Erbe über ca. 52 Millionen Euro beendet habe. Danach erhalten beide unehelichen Töchter ihren Pflichtteil. Die ehelichen Kinder Jenny und Jonny sind als Haupterben eingesetzt worden, und auch Udos letzte Lebensgefährtin Michaela Moritz wurde nach Udos Willen mit einem höheren Anteil bedacht. Sie soll nach Recherchen der Illustrierten *Bunte* vom 12. Mai 2016 frei wählen dürfen, ob sie Udos noch nicht bezogene Villa in Meilen am Schweizer See behalten oder sich lieber Geld auszahlen lassen möchte. Sollte sie sich für das Haus entscheiden, muss sie sich den Wert des Objektes (man schätzt zwischen 11 und 15 Millionen Schweizer Franken) von ihrem Erbteil abziehen lassen.
Auch Udos Bruder Manfred Bockelmann, sein Bandleader Pepe Lienhard und die Udo Jürgens-Stiftung wurden im Testament bedacht. Manager Freddy Burger besitzt die Stimmenmehrheit an der Udo Jürgens Master AG und beansprucht einen großen Teil der Verwertungsrechte der Kompositionen und Lieder seines verstorbenen Künstlers.

Wir hatten ein sehr gutes und enges Familienleben und haben uns immer gut verstanden. Ich habe aber meine Eltern nie in mein Berufsleben hineingezogen, weil ich dachte, das ist nichts für die alten Herrschaften. Da werden sie höchstens überfordert und es ist zu aufregend für sie. Als ich dann aber verschiedene Probleme und Sorgen hatte, bin ich zu meinem Vater gegangen und er half mir bei finanziellen Angelegenheiten. Wäre er schon vor Jahren dabei gewesen, wäre ich niemals in solche Steuerprobleme geraten, wie es dann passierte. Er hätte mir bestimmt entscheidend helfen können, weil er die Zeit und die Konzentration dazu hatte, während ich in der Weltgeschichte rumgehetzt bin. Da denke ich an alles, nur nicht an Geldgeschichten, zumal mir am Geld eigentlich gar nichts liegt ... aber es beruhigt die Nerven, wenn man's hat.

Ich schreibe selber kaum Texte, wirklich nur sehr selten. Meistens gebe ich meine Ideen an die Textdichter weiter und arbeite dann eng mit ihnen zusammen. Aber in diesem Fall ist es etwas sehr Persönliches, etwas Autobiografisches, was mich dazu bewogen hat, selber diesen Text zu schreiben. Das Lied heißt »Ihr Lieben daheim« und ist eigentlich ein Brief – ein sehr aufrichtiger Brief von mir an meine Eltern. Alle meine Gedanken habe ich in diesen Text hineingeschrieben. Ich möchte ihnen ein paar Dinge mitteilen, die sie vielleicht etwas schwerer verstehen können. Es ist von meiner Warte aus gesehen gewissermaßen der Versuch, einen Generationskonflikt zu überbrücken. Im Text heißt es: »Schließlich sieht doch wohl jeder ein: Es ist kein Verdienst, jünger zu sein, aber auch alt sein heißt nicht, dass man alles weiß.«

Auch zu meinem Bruder Manfred, der als Maler künstlerisch tätig ist, verbindet mich ein inniges Verhältnis. Ich erinnere mich an ein Gespräch, das Manfred und ich einmal vor langer Zeit in Kitzbühel geführt haben. Bis tief in die Nacht haben wir darüber diskutiert, wer von uns beiden in seinem Beruf die größere künstlerische Befriedigung erfährt und die intensiveren Glücksgefühle hat. Der Musiker und Sänger, der den schnellen Applaus bekommt, den Jubel, der dann aber abebbt und ihn einsam zurücklässt, oder der Maler, der still mit seinem Bild während der Schaffensphase zusammenlebt und niemals einen Applaus hört. Er spürt erst eine Reaktion von Menschen, wenn sie sich seinem Werk in einer Art von stiller Andacht nähern. Wenn sie es dann zu Hause an der Wand hängen haben und mit dem Bild leben, gehen sie eine Form der Partnerschaftsbeziehung damit ein. Das ist natürlich auch für den Maler ein großes, bleibendes Glücksgefühl.

Wir haben dann festgestellt, dass mal der eine den anderen beneidet, und ein andermal ist es umgekehrt. Diese Erkenntnis war für mich der Anstoß, das Lied »Mein Bruder ist ein Maler« zu schreiben. Wolfgang Hofer und ich haben den Text dazu verfasst und Manfreds und meine ›gegensätzliche Gleichheit‹ in Worte gebracht. Die beiden letzten Zeilen sagen alles aus: »Manchmal fing' auch ich so gern zu singen an ... manchmal fing' auch ich so gern zu malen an!«

Aber Manfred könnte nicht vor so vielen Menschen auftreten wie ich, das wäre für ihn ein Alptraum. Ich bewundere sein Schaffen und seine Bilder, die man auch »Bilder der Stille« nennt. Sie beruhigen mich. Es sind Landschaften und doch wieder keine, Farben gehen harmonisch ineinander über, mal als kleiner Strich, mal als große Farbfläche. Manchmal wirken seine Bilder fast wie

Fotografien. Mich fasziniert seine Kunst und ich habe wohl die größte private Sammlung, das kann ich mit Stolz sagen. Was ich wunderbar fand, ist ein Satz von Manfred über den geringen Materialwert eines Bildes und dass es erst durch den Betrachter und dessen Fantasie zum Kunstwerk wird. Dahinter steckt doch eine herrliche Philosophie, und wir beide denken in diesem Punkt mal wieder völlig gleich. Egal, in welcher Form man sich künstlerisch ausdrückt und sein Publikum erreichen will – die Fantasie zu fördern ist das Wichtigste!

Wenn wir hier über meine Familie sprechen, muss ich natürlich auch meine erste Frau Panja mit einbeziehen. Die von mir egoistisch gelebte Freiheit, die auch das Sexualleben betraf, erforderte ein über die Maßen großes Verständnis von Panja und den Kindern. Das war alles andere als eine normale Ehe. Trotzdem haben wir alle wie eine Familie unter einem Dach gelebt, manchmal sogar gemeinsam mit unseren »Zeitabschnittspartnern«. Meine damalige Freundin Nina besuchte mich oft in Zürich, und Panja war mit Michael Hartlmeyer liiert, den wir alle »Klopfer« nannten. Er wohnte bei uns im Haus und kümmerte sich um das Alltägliche.

Das hätte mit Sicherheit böse enden können, doch das Gegenteil war der Fall. Panja mochte Nina sehr gerne, und ich konnte Klopfer sehr gut leiden. Er war ein talentierter Bastler und Ideenumsetzer. In einen alten Bauernschrank hatte er beispielsweise meine hochwertige Musikanlage eingebaut, die erst sichtbar wurde, wenn man die Türen öffnete. Eine antike Truhe hat er zu einer Hausbar umgebaut. Wenn man den Deckel anhob, fuhren die Flaschen wie von Geisterhand nach oben. Das wurde durch ein mit Gewichten gesteuertes Hebesystem ermöglicht. Und er hatte mir in unserem Haus einen exzellenten Weinkeller eingerichtet. Klopfer gehörte in jenen Tagen richtig zur Familie.

Wenn die Kinder aus dem Internat heimkamen, saßen wir manchmal alle gemütlich zusammen am Tisch und haben gegessen. Ich glaube, wir haben das so gut hingekriegt, weil wir dem Partner und den Kindern gegenüber hemmungslos ehrlich waren. Und in einem Punkt muss ich jetzt sehr ehrlich sein: Panja und ich haben am Anfang eine »Hassliebesehe« geführt. Ich kann es ruhig Hass-Liebe nennen. Wir haben uns leidenschaftlich geliebt und dann wieder entsetzlich gestritten und verkracht. Es war ein permanenter Sturm, ein aufgewühltes Leben. Fast zu viel, um es zu verkraften. Aber dann war ich viel unterwegs – heute hier, morgen dort. Da sind wir sehr früh an einem Punkt angelangt, der uns eine gegenseitige Freiheit gestattete. Panja hatte Kontakte und Freundschaften geschlossen und ich habe sowieso unterwegs meine Erlebnisse gehabt. So haben wir uns auseinandergelebt und sind in eine Krise hineingeraten, die eigentlich nur noch in einer Scheidung hätte enden können.

Wir haben uns dann aber in vielen langen Gesprächen ausgesprochen. Das hat sich über Tage hingezogen. Dann haben wir beschlossen, den Versuch zu machen, wie echte Freunde, wie Bruder und Schwester in einem Haus mit den Kindern weiter zusammenzuleben und ihnen nach und nach die Situation zu erklären. Wir haben dieser Lebensform eine Chance gegeben und gesagt, nach zwei

Jahren würde sich herausstellen, ob es so funktioniert oder nicht.

Zu unserer großen Überraschung haben wir dann festgestellt, dass es sogar erstaunlich gut funktionierte – mal ein bisschen besser, mal etwas weniger gut. Aber Probleme gibt es schließlich in jeder Form von Partnerschaft. Zeit unseres Lebens werden wir eine tiefe Freundschaft zueinander empfinden. Wir begegnen uns mit Respekt und ich fühle mich verpflichtet, mich um Panja zu kümmern. Und umgekehrt ist es genauso. Die Fragen der Kinder haben wir stets ehrlich beantwortet, sie hatten immer einen uneingeschränkten Kontakt und die Nähe zu uns beiden. So haben wir noch viele Jahre ziemlich problemlos unter einem Dach gelebt.

Die Presse hat das natürlich mitbekommen und des Öfteren darüber geschrieben, aber wir sind damit gut umgegangen, weil es der Wahrheit entsprach. Bei meinem sehr hohen Bekanntheitsgrad war es oft schwierig, das Privatleben aus der Öffentlichkeit herauszuhalten. Zum einen bin ich einem Millionenpublikum verpflichtet, zum anderen ist es ist ein schmaler Grat zwischen dem Privatmenschen und dem Künstler Udo Jürgens. Es ist schwer, da eine Grenze zu ziehen.

Als Künstler hat die Öffentlichkeit das Recht, alles von mir zu verlangen. Wenn man eine Konzertkarte kauft, kann man auch erwarten, einen Künstler zu erleben, der nicht nur nett seine Lieder singt, sondern der sich verausgabt und versucht, alles zu geben und vielleicht noch ein bisschen mehr. Und das tue ich in jedem meiner Konzerte. Es ist eine Strapaze, aber auch ein großes Erfolgserlebnis, zwei Stunden im Jubel der Menschen zu stehen. Man muss glücklich sein, dass man das erleben darf.

Ich sage auch ganz ehrlich: Es ist ein harter Knochenjob, von acht Uhr morgens bis fünf Uhr abends im Büro zu sitzen. Da fragt keiner, wie hältst du das denn aus. Diese Menschen stehen nicht im Rampenlicht und arbeiten wahrscheinlich mehr als ich. Ich arbeite zwar sehr viel, muss mich aber nur diese zwei Stunden am Abend verausgaben. Den Rest des Tages verbringe ich damit, ein paar hundert Kilometer Auto zu fahren, viel zu schlafen und mich auszuruhen. Das kann wohl jeder Mensch aushalten. Man sollte nicht den Fehler machen, den Künstler dafür auch noch zu bemitleiden. Wir werden ja schließlich auch gut dafür bezahlt. Man sollte durchaus von uns das Maximum verlangen. Ich bin auch dagegen, dass man zu unkritisch mit Künstlern umgeht. Wir haben einen traumhaften Job, wir haben viel Freizeit und das Publikum hat das Recht, alles von uns zu verlangen. Das Publikum darf sich sogar einmischen. Da fällt mir eine Geschichte ein ...

Man sagt mir immer nach, ich hätte eine kommerzielle Ader, und jemand meinte einmal zu mir: »Sie können ja keine moderne Musik schreiben.« Da habe ich mir gesagt, dem werde ich's beweisen, und habe den »Schuft« geschrieben – damit meine ich jetzt die Komposition, nicht den Text. Mit dem Lied habe ich musikalische Pfade betreten, die man mir nicht zugetraut hat. Ich komme ja ursprünglich vom Jazz, habe als Jazzpianist angefangen. Nun bin ich heute zum Glück in der Position, mich auch dahingehend musikalisch wieder etwas orientieren zu dürfen. Es macht mir große Freude, nicht nur den Kommerz zu bedienen. Und ich bin glücklich darüber, dass sich auch beim Publikum viel getan hat und die Leute weitaus aufmerksamer zuhören, als noch vor einigen Jahren.

Wenn man von allen Gesellschaftsschichten stets so beobachtet wird wie ich, dann möchte man natürlich auch mal schockieren – gerade in einer Zeit mit so fest gefahrenen Bildern einer Gesellschaft. Da sehnt man sich förmlich danach anzuecken, was ich auch schon einige Male mit meinen Liedern getan habe. Mick Jagger ist mit seiner Art zu einem Idol geworden, weil er sich, meiner Meinung nach zu Recht, immer gegen das Glatte aufgelehnt und die Leute schockiert hat. Wenn der einen Hund streichelt, würden die Leute sagen: »Unglaublich, das stimmt ja gar nicht, was man über den Mann immer erzählt – er sei ein verkommenes Subjekt und hat was mit Rauschgift und allem möglichen Schweinkram zu tun. Das ist ja ein ganz lieber, anständiger Mensch.« Man würde ihn wahrscheinlich uferlos positiv betrachten, nur weil er einmal einen Hund gestreichelt hat.

Von einem Menschen wie mir erwartet man im Grunde genommen, dass ich ständig mit drei Händen den Hund streichle und gleichzeitig mit zwei Händen Klavier spiele. Ich glaube, man sieht mich relativ positiv, und deshalb bin ich manchmal richtig froh, auch mal in einem negativen Licht zu erscheinen, wenn es zum Beispiel heißt, der Kerl lebt gerne und treibt sich nachts in Kneipen herum. Der sitzt nicht so schön brav zu Hause wie Peter Alexander mit der Angel in der Hand, sondern der soll ja angeblich in den unmöglichsten Lokalen verkehren. Darauf antworte ich: Stimmt. Es sind für mich aber keine unmöglichen Lokale. Ich gehe nicht nur in Diskotheken, ich gehe in Kneipen und Vorstadtlokale – es ist ein Hobby von mir, auch sogenannte Underground-Kneipen oder linke Lokale zu besuchen. Da verkehre ich gerne und falle manchmal sogar unangenehm auf.

Es macht mir auch Riesenspaß, mich mit irgendwelchen ausgeflippten Typen zu unterhalten, denen man tagsüber kaum begegnet. Oft sitze ich bis in den frühen Morgen mit den unterschiedlichsten Leuten zusammen. Das ist wichtig für mich! Ich muss wissen, was man heute denkt, wie die Leute ticken und was in ihnen vorgeht. Deswegen verkehre ich wirklich nächtelang in vielen Lokalen, habe dabei viel Interessantes erfahren und auf mich bezogen oder für mich verarbeitet. Das spiegelt sich zum Teil auch im Inhalt meiner Lieder wieder. Ich möchte mich weiterentwickeln, deswegen mache ich das.

Dann kommt es natürlich auch vor, dass ich Frauen kennenlerne. Und wenn man mich dann mit einem Mädchen weggehen sieht, heißt es gleich: »Jetzt treibt er's schon wieder mit 'ner anderen …« Und ich sage dann ganz klar: »Ja, das stimmt, ich tu's.« Und damit ist mein Image nicht mehr ganz so glatt und positiv – und darüber bin ich beinahe froh. Ich finde es fast beängstigend, immer nur so zu handeln, dass man bloß nicht auffällt und es den anderen immer recht machen muss. Immer schön unauffällig bleiben. Dann dürften bei mir zu Hause nur Sachen stehen, die auch beim Durchschnittsbürger in der Wohnung zu finden sind. Ich darf zwar viel Geld verdienen, aber ich darf es nicht zeigen. Man muss sich öffentlich bürgerlich geben, damit man nicht aneckt. Das sind Dinge, die ich einfach nicht mag. Das finde ich schlichtweg verlogen und spiele da auch nicht mit! Ich mache es einfach nicht.

Aber was ich immer wieder suche, ist das Gespräch mit verschiedensten Menschen, von mir aus auch mit den einfachsten Leuten in allen möglichen Lokalen. Deswegen fahre ich da nicht in alten Klamotten hin, damit die denken, der hat ja keine drei Cent in der Tasche. Das würden die mir sowieso nicht glauben. Also kann ich mich gleich so anziehen, wie ich mich immer anziehe. Man soll sich nicht verstellen und anderen etwas vorspielen.

Ein anderes Thema möchte ich hier auch einmal zur Sprache bringen. Ich lese in den Zeitungen immer wieder Schlagzeilen wie »Udos Mädchen werden immer jünger«. Manche Gazetten unterstellten mir sogar Affären mit vierzehn- und fünfzehnjährigen Teenies. Die schreiben zwar alles Mögliche über mich, aber keiner traut sich, mir das ins Gesicht zu sagen beziehungsweise mich danach zu fragen. Eine schöne Frau ist für mich der Inbegriff der Zärtlichkeit, etwas Ähnliches wie eine Blume, ein Duft, ein Streicheln ... all diese Gefühle werden in mir geweckt. Ich glaube auch, dass Frauen zu allen Zeiten eine entscheidende Triebfeder für künstlerisches Schaffen gewesen sind.

Zunächst ist es sicherlich richtig, dass ich ein paar Bekanntschaften gehabt habe, die unter zwanzig waren. Mit einigen war ich auch länger befreundet. Aber wenn ich mit einem Mädchen gesehen werde, das siebzehn oder achtzehn ist, heißt es gleich: »Die ist doch höchstens dreizehn.« Klar, oder? Meine jungen Freundinnen scheinen manchen Leuten ein Dorn im Auge zu sein, und es wird in der Presse immer scham- und grenzenlos übertrieben – aus Neid oder was weiß ich warum. Ich bin ein Mensch, der auf seine Art und Weise alleine lebt und dadurch auch vielerlei Beziehungen hat. Mein Privatleben ist nicht so ausgerichtet, dass ich mich auf eine Beziehung konzentrieren kann. Obwohl ich mich oft ernsthaft darum bemühe, gelingt es mir nicht, mit einer Frau eine so feste Beziehung einzugehen, dass es auch für sie einigermaßen befriedigend ist. Auch erwarten viele, und da übertreibe ich jetzt vielleicht etwas, dass sie gleich bei mir einziehen und wohnen können oder sonst noch was.

Ich bin durch meinen Beruf ständig unterwegs und brauche ein hohes Maß an Unabhängigkeit. Ein relativ junger Mensch, etwa ein achtzehnjähriges Mädchen, kommt mir in diesem Wunsch nach Unabhängigkeit klarerweise sehr entgegen. Diese Mädchen sind unkomplizierter, und das Problem, dass sie gleich mit dem Koffer vor der Tür stehen, ist weitaus geringer. Außerdem habe ich mein Leben lang Mädchen unter zwanzig als sehr anziehend empfunden. Ich spreche das ganz ehrlich aus. Das hat nichts damit zu tun, dass ich ältere Frauen nicht nett und attraktiv finde. In meinem Freundeskreis gibt es Mädchen und Frauen, die älter sind und mit denen ich mich gerne unterhalte, essen gehe oder sonst irgendwas unternehme. Das ist keine Frage. Nur Beziehungen in der Art, wie ich sie lebe, habe ich nun mal meistens mit Mädchen unter zwanzig. Das gebe ich zu und dazu stehe ich auch! Aber das ist meine Sache, und ich habe mich deshalb vor keinem Menschen zu rechtfertigen.

Allerdings habe ich, was meine Begegnungen mit Mädchen betrifft, schon meine eigenen Gedanken. Und wie so oft inspiriert mich das dann zu einem Lied. So ist »Der Schuft« entstanden, und es scheint so, als hätte mir Michael Kunze schmunzelnd ironisch den Text dazu gewidmet. Es ist die Geschichte eines Mannes, der ein Mädchen warnt, sich nicht mit einem Verehrer einzulassen, weil der angeblich ein Schuft sei: »Hör' auf mich, Mädchen, der Mann ist ein Schuft, glaub' es mir. Ich weiß es, ich kenn' seine Gedanken: Er will nur das eine von dir ...« Es stellt sich aber heraus, dass der Mann selber der Schuft ist: »Der Schuft folgt mir so wie ein Schatten, er spricht so und lacht so wie ich. Man hält uns für ein und dieselbe Person, den Schuft neben dir – und mich ...«. Der Schuft, der manchmal wie ein Schatten auch neben mir geht.

Bei all diesen Geschichten um mich ist es ein wichtiger Faktor, dass ich mein Privatleben von meinem beruflichen Leben strikt trenne. Das geht bei mir beinahe bis zur Schizophrenie. Ich halte meine Familie so weit wie nur irgend möglich aus meinem Beruf heraus. Der war von Anfang an komplett meine eigene Angelegenheit. Mein Beruf ist eine einzige Stressanforderung. Meine Frau Panja konnte diesen Stress überhaupt nicht aushalten, nicht einmal für kurze Zeit. Das gab sie auch offen zu. Sie hatte auch nie Lust, mich auf Tournee zu begleiten. Wir haben schon immer von Haus aus irgendwie in verschiedenen Welten gelebt.

Es gibt Beispiele dafür, dass Beruf und Privatleben zusammen gut funktionieren – wenn die Ehefrau Managerin ist oder Ähnliches. Ich bin froh, dass ich diese drastische Trennung konsequent durchgehalten habe. Ich glaube, dadurch ist meine Familie relativ normal geblieben. Sicher denke ich oft an die Kinder und habe ein schlechtes Gewissen, dass ich mich so wenig um sie kümmern kann. Andererseits muss ich aber auch ganz ehrlich sagen: Ich bin ein Besessener! Kein Fanatiker, aber ich bin besessen von meiner Mission und der Aufgabe, Musiker zu sein. Wenn man das von ganzem Herzen ist, stellt sich einem jeden Tag eine neue Anforderung, die man zu erfüllen hat – und dabei wird man zum beißenden Egoisten.

Wenn ich einmal nachmittags oder spät abends im Hotel etwas zur Ruhe komme, denke ich natürlich an Zuhause. Dann rufe ich die Kinder an, und wir unterhalten uns über vieles. Aber wenn man auf der Bühne, im Studio oder sonst wo unmittelbar in Flammen steht ... in diesem Moment wird alles andere verdrängt und man ist einfach nur Egoist. Das muss auch so sein, denn ansonsten kannst du kein Publikum überzeugen. Es klingt brutal, wenn ich das sage: Ein Schlagzeuger, der hinter mir auf der Bühne sitzt, muss mir in der Sekunde, in der wir musikalisch explodieren und Tausende Menschen in unseren Bann ziehen, näher sein als irgendein anderer Mensch auf der Welt.

9.

Gib mir deine Angst

ÜBER ÄNGSTE UND SCHLAFLOSE NÄCHTE

*Jeder Blick aus deinen Augen
ist ein stummer Hilfeschrei –
mir geht es genau wie dir,
du kannst ruhig ehrlich sein.*

Im März 2011 präsentierte Udo in München sein Studioalbum »Der ganz normale Wahnsinn«. Die Veröffentlichung ging einher mit den Berichten von der furchtbaren Nuklearkatastrophe im japanischen Fukushima. Für Udo bekam der Titel des Albums daher eine traurige Aktualität, denn im Song heißt es: »Katastrophen in den Medien, die Luft verdreckt, das Meer versaut. Bei den Großen, die uns führen, niemand mehr, dem man vertraut ...«. Zu den anwesenden Journalisten sagte er: »Ich habe 80 Fernsehshows in Japan gemacht. Was dort gerade passiert, kann man nicht begreifen.« Er habe sogar ernsthaft überlegt, die CD-Präsentation abzusagen. Gegenüber der Nachrichtenagentur dpa sagte er, dass der Welt trotzdem der Optimismus nicht verloren gehen dürfe: »Das Leben geht auf jeden Fall weiter, auch wenn wir nicht wissen, was sich morgen alles tun wird. Wenn morgen die Welt untergeht, würde ich heute noch einen Baum pflanzen.«

Angesichts dieser schrecklichen Tatsachen sprach Udo auch wieder über die Angst und sah in der Musik auch eine Form von Angstbewältigung. »Musik ist gut gegen Angst. Musik kann Menschen helfen. Ich habe in meinem Leben öfter Angst gehabt. Aber immer dann, wenn ich am Klavier sitzen durfte, war die Angst weg.« Einige Monate später, am 29. September 2011, sah ich

14 Diese persönliche Widmung auf einem Fotoposter von
Manfred Bockelmann schenkte mir Udo 1977.

Udo in der ARD-Sendung »Beckmann«, einen Tag vor seinem 77. Geburtstag. Er redete oft in Interviews über seine Ängste in der Kindheit und Schulzeit, aber hier sprach er erstmals über seine Angst vor dem Lebensende: »Ich weiß, dass ich nicht mehr jung bin. Ich lebe sehr bewusst, aber auch mit einer gewissen Angst. Ich will noch nicht ableben. Älterwerden ist nicht leicht. Es ist manchmal verbunden mit Beklemmungen, manchmal mit Depressionen, die du besiegen musst.« Udo fühlte sich topfit und war voller Tatendrang – er wolle noch zwei Bücher schreiben und viel komponieren, verriet er Reinhold Beckmann. Umso berührender war sein Satz über »das Ende, das unweigerlich kommt, und die Ziellinie, die du noch nicht siehst, aber von der du theoretisch weißt.« Und er ergänzte in der von ihm bekannten Aufrichtigkeit: »Nach vorne wird es kürzer, hinter mir liegt der weitaus längere Teil des Lebens – das ist eine Sache, die nachdenklich stimmt.«

Das Wort Angst fiel bei Udo auch, wenn er seine politische Meinung äußerte, beispielsweise zur österreichischen Partei FPÖ oder zur rechtsextremen Szene in Deutschland.

Ich erinnere mich gut daran, wann ich aus Udos Mund zum ersten Mal das Wort »Angst« gehört habe. Das war 1977 – er besuchte mich in Luxemburg und hatte einen »Schreckensflug« hinter sich. Sogar die Zeitschrift *FRAU* (vom 30. Juni 1977) berichtete darüber. »Udo Jürgens in Lebensgefahr! Sein Flugzeug drohte abzustürzen« war die Headline. Die Maschine konnte wegen eines schweren Gewitters nicht in Luxemburg landen und flog nach Brüssel. Auch dort erhielt der Pilot aufgrund eines Unwetters keine Landeerlaubnis und flog dann trotz Regen, Blitzen und Sturm wieder Luxemburg an. Zwei Stunden dauerte diese abenteuerliche und gefährliche Odyssee. Aus Udos Schilderung der Katastrophe ergab sich ein Gespräch über Ängste, Zweifel und menschliche Schwächen. Dies war zwischen uns auch bei späteren Treffen immer wieder mal ein Thema.

Das war einer der größten Alpträume, die ich je in einem Flugzeug erlebt habe. Eigentlich habe ich keine Flugangst. Ich fliege im Jahr 150 000 Kilometer, aber dieser Flug von Frankfurt nach Luxemburg war der schlimmste in meinem Leben. Ich war am Rande der Panik! Manchmal hatte ich das Gefühl, jetzt machen wir noch einen Salto als Zugabe. So ein Geschüttel und ein nicht enden wollendes Dauergewitter habe ich in einem Flieger noch nie erlebt. Ich saß mit schweißnassem Rücken verkrampft in meinem Sessel und dachte, aus der Maschine kommst du lebend nicht mehr raus. Da denkt man schon an einiges zurück. Ich denke nicht an mein ganzes Leben und werde auch nicht sentimental, aber ein Gedanke kommt schon: Da habe ich's schon so weit gebracht und jetzt soll hier in dieser Kiste alles zu Ende sein? Warum gerade ausgerechnet heute und hier?

Manche Passagiere haben auch gebetet. Bei mir ist es anders. Ich denke in solchen Momenten an meine Kinder oder an etwas sehr Erfreuliches. Ich mache mir vor, es wäre nur eine schlechte Straße und alles völlig ungefährlich. Ich verdränge sämtliche Gedanken, die mir den Ernst der Situation klarmachen könnten. Ich denke auf keinen Fall an religiöse Dinge oder ans Beten, weil ich Angst habe, das könnte dann so eine Art Abschied sein. Dabei glaube ich doch, dass *meine besten Jahre* erst noch kommen, wobei ich sagen muss, in jeder Phase seines Lebens kann man einen Höhepunkt erleben und glücklich sein.

Ich glaube, es ist ein Fehler, wenn Menschen sagen, nur jung zu sein beziehungsweise es zu bleiben wäre erstrebenswert. Oder nur in der sogenannten Mitte des Lebens, in der man erfolgreich ist, wäre es ein erfülltes Leben. Manche meinen auch, nur die Kindheit wäre schön, weil man da noch unbeschwert und sorgenfrei ist … alles großer Quatsch. Ich bin der Meinung, Kinder haben genauso wie die Erwachsenen ihre Sorgen. Wenn ich an meine Schulzeit denke, hat mich vieles mehr bedrückt als danach manch anderes.

Und man kann auch in den späteren Jahren glücklich sein. Mein Vater, der mir unerhört hilft und zur Seite steht, hat mit seinen 72 Jahren aus seinem Leben ein reiches und glückliches Leben gemacht, auch rein vom Seelischen und Geistigen her. Ich kann mir vorstellen, dass vielleicht ein gewisser Höhepunkt seines Lebens heute stattfindet. Dass man in jedem Lebensabschnitt viele Glücksmomente erleben kann, habe ich auch in meinem Lied »Deine besten Jahre« zum Ausdruck gebracht … die beste Jahre können die zwanziger, die vierziger und die späten Jahre sein.

Ängste haben meiner Meinung nach auch oft ihre Wurzeln in der Ungewissheit des eigenen Tuns. Mit dem Zweifel an mir selbst lebe ich, seitdem ich das erste Mal als Kind ein Klavier berührt habe, weil ich immer merke, dass man an seine Grenzen kommt. Und wenn man dazugelernt hat, zu neuen Ufern vorgedrungen ist, stellt man fest, dass man noch unendlich weit von der Vollendung entfernt ist. Mit diesen Zweifeln muss ich eben leben. Ich glaube aber auch, dass dieser Zweifel ein kreativer Anreiz ist. Aus dem Zweifel heraus werden schönere Lieder geschrieben, schönere Bilder gemalt, schönere Bücher geschrieben als aus der Sicherheit.

Und ich habe auch einen gewissen Horror vor denen, die sich ihrer Sache immer ganz sicher sind und wirklich zu wissen glauben, wie alles gemacht wird. Ängste und Zweifel liegen oft nah beieinander. Jeder Mensch hat sie, ich auch! Aber es ist nicht die finanzielle Existenzangst. Ich glaube, auch wenn ich mich nicht so darum kümmere, dass ich wohl materiell und finanziell ausgesorgt habe. Aber ist das der Sinn des Lebens? Soll ich jetzt rumsitzen, Fernsehen schauen oder rumreisen? So nach dem Motto: Ich habe ausgesorgt und das Leben draußen interessiert mich nicht mehr ... Das ist für mich nicht die Verwirklichung meines Lebens. Ein Leben ist ja unendlich kurz, und die Dunkelheit davor und danach unendlich lang.

Diese kurze Spanne, die wir das Leben nennen, sollte ein einziger Höhepunkt sein. Mein Leben möchte ich so gestalten, dass ich das Gefühl habe, etwas getan, geleistet und für mich selbst geschaffen zu haben. Und damit meine ich nicht das Materielle, sondern für mich persönlich weitaus wertvollere Dinge wie zum Beispiel meine Lieder. Ich lege selten meine eigenen Platten auf, aber wenn ich mir heute mein Album »Lieder, die im Schatten stehen« anhöre, auf dem die schönsten Songs aus fünfzehn Jahren zusammengestellt sind, dann bin ich einfach glücklich. Dann habe ich das Gefühl, mit der Zeit zu ernsthaften Gedanken und zu einer musikalischen Form gefunden zu haben, die ich glaubhaft übermitteln kann.

Ich arbeite an meiner Glaubwürdigkeit und daran, mit mir selber einigermaßen im Einklang zu sein. Darin sehe ich das Glück und nicht im Geldverdienen. Aber den

Weg zum eigenen Glück zu finden kann eine Strapaze sein, wenn man sich selbst infrage stellt und von Zweifeln gequält wird. Viele kennen das Gefühl: Man geht abends ins Bett und findet keinen Schlaf, weil sich die Gedanken im Kreis drehen und man über alles Mögliche nachdenkt. Alltags- und Berufsprobleme werden zu Monstern und man kann nicht einschlafen.

Mir geht es oft genauso. Dass ich mitunter schlecht schlafe ist eine Tatsache, die ich wohl mein Leben lang zu ertragen habe. Das hängt sicherlich mit meiner seelischen Unruhe zusammen. Nachts im Bett fange ich plötzlich an, meine Lieder zu arrangieren, zu komponieren und darüber nachzudenken, ob ich auf dem richtigen Weg bin. Ich bin halt ein grüblerischer Typ. Ich kann einfach nie so richtig abschalten. Nicht wegen des Berufs. Das hört sich immer so nach Raffgier an – wo kann ich noch eine Autogrammstunde machen oder ein paar Tausender dazuverdienen. Das ist überhaupt nicht der Fall. Es geht nicht um den materiellen Erfolg. Die Gedanken, die mich bewegen, beschäftigen sich eigentlich immer nur mit den Grenzen, die ich an mir selber erkenne und die ich überschreiten möchte. So wie ein Maler, der sich vorstellt, ein Bild zu schaffen, das ihm das totale Glücksgefühl bringt. Wenn er es dann gemalt hat, erkennt er, dass er noch nicht so weit ist und ein neues Bild malen muss, um an sein Ziel zu kommen.

So ähnlich ist das auch, wenn ich meine Lieder schreibe, über Interpretationsformen und über mein Klavierspiel nachdenke. Ich höre viel Musik, höre, was die anderen machen … und dann denke ich mir manchmal: Siehst du, so weit bist du noch lange nicht. Dann möchte ich zum Beispiel auch zwischendurch mal die Form eines Liedes sprengen. Und das ist das Schwerste, was es gibt! Ein Lied wie »Anuschka« oder »Griechischer Wein« zu schreiben ist einfach. Ich stehe auch dazu und es macht mir Freude, aber ich will auch mal den Rahmen sprengen, die 3-Minuten-Form missachten, was Symphonisches einfließen lassen. So wie bei meinem Lied »Wort«, das ich mit den Berliner Philharmonikern aufgenommen habe und das ein wirklich außergewöhnliches Werk geworden ist.

Das Lied behandelt die Macht des Wortes, die wir alle zu spüren bekommen und auch anwenden. Das Wort ist die Brücke, die wie nichts anderes Einfluss auf den Menschen nimmt. Es verführt uns zu guten und zu bösen Taten. Das Wort manipuliert uns und wir manipulieren andere mit dem, wie und was wir sagen. Worte bedeuten Liebe und Zärtlichkeit, sie drücken das Intimste in unserem Leben aus und vermitteln Gefühle. Worte können wie Geschenke sein. Aber Worte haben auch ganze Völker ins Unglück gestürzt, man denke nur an die Reden von Hitler, Goebbels und anderer Potentaten im Laufe der Jahrhunderte, denen die Massen gefolgt sind. Man hat denen geglaubt, weil sie Überzeugungskraft hatten.

Diese Faszination, die vom Wort ausgeht, habe ich versucht in meinem Lied auszudrücken. Es ist natürlich kein Schlager und wird nie in einer Hitparade auftauchen – das käme einem Wunder gleich. Aber es ist ein wesentlicher Bestandteil meiner Arbeit, es ist sogar ein Meilenstein meines Schaffens. Als ich in Berlin aus der Philharmonie hinausgegangen bin und mir selbst die

Musiker des philharmonischen Orchesters zu dieser Arbeit gratuliert haben, da wusste ich, dass ich künstlerisch wieder einen Schritt nach vorne gemacht habe. Dass ich also nicht stehen bleibe und nur mit Routine ein Lied nach dem anderen schreibe, es produziere und darauf warte, dass es mehr oder weniger erfolgreich wird. Davor hätte ich Angst.

Ein anderes Thema in diesem Zusammenhang ist die Einsamkeit. Besonders auf der Bühne hat man ein gesteigertes Gefühl der Einsamkeit. Das kann so weit gehen, dass es zur Angst führt. Die Bühne ist die vorderste Frontlinie. Wenn man Musiker dabeihat, vertraute Gesichter, die man seit Jahren kennt, auf die man sich verlassen kann und die mit einem durch dick und dünn gehen, dann gibt das Ruhe und Zuversicht, was die Arbeit ungemein erleichtert. Ich bin jedenfalls sehr anhänglich und arbeite am liebsten jahrelang mit den gleichen Leuten.

Und Freundschaft bedeutet mir sehr, sehr viel. Ich habe im Laufe der Jahre gelernt, dass man nur dann wirklich von Freundschaft sprechen kann, wenn man nicht allzu viel von einem Freund erwartet. Dann bekommt man sogar mehr geschenkt. Wenn man mit zu hohen Erwartungen an eine Freundschaft herangeht, ist die Gefahr enttäuscht zu werden sehr groß. Man sollte auch nicht den Fehler machen zu glauben, man hätte sehr viele gute Freunde. Man kennt natürlich viele Menschen – in meinem Fall ist das extrem. Ich würde sogar so weit gehen und das Publikum, das mir die Treue hält, als meine Freunde bezeichnen. Aber ich spreche hier von den Freunden, die wirklich mit mir zusammen sind. Ich glaube, dass man im Leben, wenn's hoch kommt, die echten Freunde an zwei Händen abzählen kann. Nein, so viele sind es gar nicht ... eine Hand reicht voll und ganz.

In meinem Lied »Manchmal kannst du nicht schlafen« heißt es: »... dass ich dadurch endlos einsam selbst in deinen Armen frier' ...« Wenn ich auf meinen Tourneen jeden Abend frenetisch gefeiert werde, falle ich in die Arme meines Publikums. Wochenlang bin ich unter Menschen, Alleinsein ist ein Fremdwort. Dann ist die Tour plötzlich zu Ende und ich sitze allein zu Haus. Dann überfällt mich diese unbeschreibliche Einsamkeit, obwohl ich weder mein Publikum noch meine Freunde verloren habe. Es braucht Tage, bis ich mich an diese Form der Stille gewöhnt habe. Danach komme ich auch wieder gut mit mir selbst zurecht und suche dann sogar manchmal eine gewisse Einsamkeit, zum Beispiel in meinem Haus an der Algarve in Portugal, wo ich in ruhiger Abgeschiedenheit ungestört arbeiten kann.

Vollkommen abzuschalten gibt es für mich sowieso nicht. Ich bin auch kein Typ, der Urlaub im herkömmlichen Sinne genießen kann. Ich muss immer in irgendeiner Form kreativ sein oder mich betätigen, sonst fühle mich nicht wohl und entspanne mich nicht. Entspannung ist für mich nicht nach hinten lehnen, Pantoffeln hoch und die Sonne auf den Bauch scheinen lassen. Abgesehen davon haben Psychologen festgestellt, dass ein Urlaub mit Beschäftigung viel gesünder ist als das absolute Faulenzen. Für mich ist ein Urlaub nur dann ein richtiger Urlaub, wenn ich auch die Möglichkeit habe, Klavier zu spielen und Lieder zu schreiben. Und gerade das tue ich besonders gerne, wenn ich ganz alleine in Portugal bin.

Die Einsamkeit ist auch immer wieder in der Kunst behandelt worden. Es gibt darüber klassische Lieder, Opernarien, Schlager, Chansons und Bücher. Zu allen Zeiten wurden künstlerische Menschen durch die Einsamkeit inspiriert und haben sie zum Mittelpunkt ihrer Werke gemacht. Auch ich habe ein Lied dazu komponiert, und Walter Brandin hat einen wunderschönen Text zu diesem Thema geschrieben: »Immer wenn der Tag sich neigt, wenn sein lautes Lärmen schweigt, kommt sie ungefragt zu dir, und sie tritt in deine Tür, lautlos aus der Dunkelheit – Deine Einsamkeit.«

10.
Ein kleines Lied für mich

DER DEUTSCHE SCHLAGER

Dieses Lied soll nichts erzählen,
es hat keinen tief'ren Sinn.
Es soll keine Fragen stellen
und verrät nicht, wer ich bin.

In den Schlagertexten unzähliger Interpreten geht es immer wieder nur um das eine: Liebe und Leiden. Der Schlager wird belächelt, zerrissen und verspottet. Dabei muss ein Schlager prinzipiell nichts Schlechtes sein. Sein Ruf ist schlecht geworden, weil so viele ihn mit Humptata-Melodien und dümmlichen Texten kaputt produziert haben.

Auch Udos erste Platten waren alles andere als anspruchsvoll, das änderte sich aber schlagartig, als er nur noch seine eigenen Lieder interpretierte. Udo sang »über unsere Sorgen und Hoffnungen, weil er sie teilte«, heißt es im Nachruf der Süddeutschen Zeitung. Und das trifft genau den Kern. Er sang von den Sorgen und Nöten seines Publikums, er sang über den Alltag ... und wenn das mal in die Nähe eines Schlagers kam, ist dagegen nichts zu sagen, denn es war von hoher Qualität.

Udo sagte häufig, Unterhaltung habe auch mit Haltung zu tun. Darum hat er sich stets bemüht und schrieb Lieder mit Tiefgang, fand für jedes Thema die richtigen Worte zur richtigen Zeit. Ihn als Schlagersänger zu bezeichnen halte ich schlichtweg für falsch. Wäre der Begriff Liedermacher nicht schon besetzt, auf ihn würde er passen. Ich glaube, einen Schlagersänger nennen nur die Udo Jürgens, die ihn und seine Lieder nicht kennen beziehungsweise nicht wirklich zuhören.

Er selber stand dem deutschen Schlager sehr kritisch gegenüber. Oft verblüffte mich Udo mit der ihm eigenen und manchmal frappierenden Ehrlichkeit, so auch, wenn wir uns über Schlager unterhielten. Seit meinem ersten Treffen mit Udo im Jahr 1975 fand er über die vielen Jahren immer wieder deutliche Worte zu diesem Thema.

Ich glaube, wenn sich was selbst kaputt macht, dann ist es der deutsche Schlager. Man darf es nicht den Showbusiness-Journalisten anlasten, dass diese Branche den Berg runtergeht, obwohl die zweifellos nicht in den deutschen Schlager verliebt sind. Man muss die Schuld bei sich selber suchen. Ich höre so vieles aus der deutschen Schlagerküche, wo ich den Kritikern zustimmen muss. Manches ist nun mal einfach Schmarrn. Damit kann man auf Dauer keine Showszene aufbauen, damit können wir international nicht konkurrieren. Ich möchte aber nicht unerwähnt lassen, dass wir in unserem Land auch sehr gute Leute haben, die originell und mutig sind, die Ideen haben. Zum Beispiel Udo Lindenberg, der erfolgreich ist, weil er ungewöhnliche Dinge macht. Die Talente sind da, nur vom heutigen Tagesschlager kann man nicht erwarten, dass er international anerkannt wird.

Nehmen wir das Beispiel Joy Fleming. Sie hat eine fabelhafte Stimme und ist eine blendende Sängerin. Warum sie beim Grand Prix 1975 schlecht abgeschnitten hat, ist mir ganz klar: Das Lied war schlecht. Der Song »Ein Lied kann eine Brücke sein« hat einen Bruch, es hat keine Nahtstelle zwischen Vers und Refrain, obwohl der Text gar nicht mal schlecht ist. Das klingt wie zwei Lieder, wie ein Potpourri. Es ist kein homogenes Lied. Dann ist sie, um es ganz hart zu sagen, von falschen Freunden und Beratern in die Favoritenrolle gedrängt worden. Sie stand dadurch so unter Druck, dass sie es mit der Brechstange versucht hat und in diesen drei Minuten alles mit Gewalt herausreißen wollte. Sie hat's gar nicht nötig, mit dem Fuß zu stampfen, mit der Faust zu schlagen und weiß Gott, was sie alles gemacht hat ... Sie hat mehr getobt als gesungen. Sie hat nicht das getan, was sie wirklich kann: singen! Die Joy hätte mit einem hervorragenden Lied die größten Chancen.

Man sollte auch keine Landesausscheidungen mehr machen. Man hätte einen Mann wie James Last beauftragen sollen, ein Lied zu schreiben. Dann wäre hundertmal mehr dabei rauskommen als bei diesen ganzen Ausscheidungen. Österreich war damals mit mir die erfolgreichste Eurovisions-Nation. Die haben einfach gesagt: Udo, du schreibst uns ein Lied. Und ich hab's geschrieben. Wir haben dreimal fantastisch abgeschnitten und einmal gewonnen.

Aber mein Kontingent an Song-Wettbewerben ist erschöpft. Ich habe an allen Festivals dieser Welt teilgenommen. Rio, San Remo, alle deutschen und europäischen Festivals – dort habe ich mehr Nerven gelassen als sonst irgendwo. Ich hab's gemacht und viel Erfolg damit gehabt. Zu bereuen gibt es nichts, aber seit den Siebzigerjahren überlasse ich den Platz auf Festival-Bühnen lieber anderen.

Das Fließband-Produzieren deutscher Schlager hat letztlich dazu geführt, dass die Leute die Schnauze voll haben von diesem Gesülze, von diesen dümmlichen Bla-Bla-Texten. Solange jeder eine Platte machen darf, der mal im Big-Brother-Container war, und der »La La La-Song« jeden Tag neu erfunden wird, ist das nicht meine Sache. Ich glaube unbeirrt an gute Lieder, intensive Texte und auch an ein anspruchsvolles Publikum. Der einfache »Liebe rot, Wiese grün«-Schlager ist auf dem Nullpunkt angelangt und nicht mehr zeitgemäß. Da muss man umdenken, was glücklicherweise auch geschieht.

Ich fühle mich fast wie ein Pionier ... habe mich schon Ende der Sechzigerjahre mit meinen Liedern als Wegbereiter gefühlt. Meine Songs sollen später zu dem Begriff »Liedermacher« geführt haben. Reinhard Mey hat mal gesagt, es würde ihn nicht geben, hätte er vorher meine Lieder nicht gehört. Darüber habe ich mich sehr gefreut, weil ich Reinhard Mey sehr schätze und eine hohe Meinung von ihm habe.

Eine Reihe von Liedermachern und anspruchsvollen Sängern haben damals ihre Wurzeln vielleicht auch in meiner Musik gefunden. Darauf bin ich ein bisschen stolz. Und jetzt fühle ich mich schon wieder als Pionier, da ich eine kaputtgegangene Sache, nämlich den guten, alten deutschen Schlager, neu beleben kann. Ich erfinde den Schlager nicht neu. Ich mache Musik in meiner Muttersprache, bekenne mich dazu und versuche, mit meinen Liedern etwas auszusagen. Das ist der Weg – wir müssen mit deutschen Liedern und guten, anspruchsvollen Texten das Publikum erreichen. Einige Kollegen tun das bereits mit großem Erfolg! Die deutsche Musiklandschaft hat sich mit der Zeit verändert, und der alte, dümmliche Schlager findet in den Hitparaden kaum noch statt, was auch beweist, dass sich der Publikumsgeschmack verändert hat.

Ich beobachte nicht nur mein Publikum ganz genau, ich gehe auch zu Rockkonzerten, zu Nina Hagen, zu Peter Maffay ...

An dieser Stelle sei angemerkt, dass ich Udo des Öfteren bei Konzerten getroffen habe. Gut in Erinnerung habe ich eine Begegnung in Frankfurt 1993. Udo war unter den Gästen zu Peter Maffays »Tabaluga und Lilli«. Ihn interessierte »die neue Form des Rock-Musicals«, wie er sich ausdrückte. Dies zeigt auch die musikalische Toleranz, die Udo immer gegenüber anderen Interpreten und Stilrichtungen hatte. Allerdings legte er auch bei Kollegen immer Wert auf höchste Professionalität, die er dann durchaus hoch zu schätzen wusste – nur mit Amateuren konnte er nichts anfangen.

Ich sehe mir wirklich vieles an, und einiges ist auch sehr gut. Aber ich sehe auch eine Massengesellschaft in den Konsum hineinrennen. Und haargenau diejenigen, die damals am lautesten dagegen geschrien und revoltiert haben, sind heute wieder genauso uniformiert, wie das früher schon mal der Fall war – in ihrer Mode, in ihrer

Musik ... Viele Leute bilden wieder eine eigene Massengesellschaft und besuchen zu Zigtausenden *ihre* Veranstaltungen. Sie werden zu perfekten Konsum-Idioten gemacht und ausgenützt.

Ich glaube, dass wir am Anfang einer neuen, positiven Entwicklung stehen und es zu meinen Aufgaben gehört, das Publikum kritischer zu machen. Das finde ich unheimlich interessant. Das Publikum, das zu mir kommt, ist gemischt. Die breite Masse derjenigen, die sich heute der Rockszene zugehörig fühlen, habe ich zu einem großen Prozentsatz verloren. Ein Teil von denen kommt noch, aber die geben es in ihrem Freundeskreis selten zu. In meinen Konzerten kommt es dann zu Begegnungen, an denen mir sehr viel liegt. Die Leute merken plötzlich, dass sie und ich weniger ein Massenprodukt sind, das der Konsumindustrie gehört – vermarktete internationale Superstars, vermarktetes Publikum ...

Nein, wir müssen individueller denken und erkennen, dass auch die deutsche Sprache im Zusammenhang mit moderner Musik etwas hat, was glaubhaft ist. Glücklicherweise beweisen einige deutschsprachige Künstler, dass es geht und dass man damit auch große Erfolge einfahren kann. Es ist einfach so: Dieser Markt reinigt sich meiner Meinung nach von selbst. Qualität setzt sich auf Dauer durch.

Es ist unvorstellbarer Schwachsinn produziert und im Fernsehen und in den verschiedenen Medien präsentiert worden. Dieses typische dümmlich schlagerartige, gelackte Zeug, vorgetragen von wem auch immer im schönen Sakko mit geföhnter »Fernseh-Schlager-Frisur« und einem ins Gesicht projizierten »80-Grad-Fernseh-Lächeln«. So hat man jahrelang Musik verkauft – antiseptisch, chemisch gereinigt, antibakteriell. Das musste natürlich dazu führen, dass sich die Leute von dieser Unterhaltungsform für dumm verkauft fühlten, sowohl die Jungen wie auch die Älteren. Die haben das Falsche daran gespürt und sich entweder guter deutschsprachiger oder internationaler Popmusik zugewandt.

Ich muss auch ehrlich sagen, dass ich lieber einen guten Rocksong höre als irgendein läppisch gesungenes Liebesgesäusel zu einer Schnulzenmelodie, wo man nur weghören kann. Aber die Entwicklung ist recht erfreulich. Alle Arten von Konzerten werden doch relativ gut besucht. Die Rockszene hat einen ausgesprochen interessanten Einfluss auf die Musik, aber auch die anspruchsvolle deutsche Szene, zu der ich mich zähle, befindet sich im Aufwind und zeigt positive Trends.

Okay, auch in meinem Repertoire gibt's den einen oder anderen Schlager, und ich werde deswegen immer wieder mal als Schlagersänger bezeichnet. Doch auch ich habe, wie die Musik, eine positive Entwicklung mitgemacht. Wir leben im Heute und nicht im Gestern! Wir müssen uns damit abfinden, dass es »den deutschen Schlager« in der Form, wie wir ihn produziert und verkauft haben, nicht mehr gibt. Wir müssen auch zur Kenntnis nehmen, dass die Radio-Hitparaden, soweit sie überhaupt noch beim heutigen Format-Radio auftauchen, nicht mehr die Meinung der großen Masse widerspiegeln. Das sind zum Teil Leute von vorgestern, die sich daran beteiligen. Es ist einfach unrealistisch, welche Lieder sich da platzieren. Ich habe wirklich nichts dagegen, dass ältere Leute und Kinder da abstimmen, aber die Rundfunkanstalten müssen sich darüber im Klaren sein, dass dies nicht der repräsentative Durchschnitt ist.

Apropos Rundfunk: Ich bin für die Privaten, weil ich auch generell für die freie Meinungsäußerung bin. Ich bin dagegen, dass der Staat alleine das Recht hat, öffentliche Medien zu kontrollieren. Ich glaube vor allem, dass die Chancen beim Hörfunk liegen. Die privaten Radiosender sind eine Konkurrenz für die Öffentlich-Rechtlichen. Das »Dampfradio«, wie wir alle so schön sagen, kann ja irgendein Typ aus einem beliebigen Zimmer mit relativ einfachen Mitteln machen. Ein Radioprogramm mit Nachrichten, Informationen und viel toller Musik – da braucht man weder Verwaltungsgebäude noch riesige Studios, wie die großen Rundfunkanstalten sie haben. Das Privatradio kann für seine Region viel schneller, beweglicher und aktueller sein. Und hier sehe ich auch Chancen für deutschsprachige Musik, die bei den Öffentlich-Rechtlichen mitunter zu kurz kommt.

Ich möchte aber auch nachdrücklich betonen, dass ich nicht enttäuscht oder sauer auf irgendwelche Radio-Hitparaden bin – ich war ja selbst oft genug drin und zum Beispiel mit »Buenos Dias, Argentina« überall auf dem ersten Platz. Wir dürfen nur nicht den Fehler machen zu glauben, dass das, was dabei herauskommt, auch nur im Entferntesten repräsentativ ist. Das müssen wir uns wirklich klar vor Augen halten! Die großen Umsätze habe ich nicht mit Hitparaden-Platzierungen gemacht. Die Branche hat nichts gegen Leute, die sich an Hitparaden beteiligen, nur sollten wir unsere Arbeit und unseren Anspruch nicht danach ausrichten.

Die Wahrheit sieht nämlich anders aus. Top-Acts wie Genesis oder Supertramp, die eine überaus interessante Musik einspielten, haben unglaubliche Verkaufszahlen von Tonträgern erreicht. Dennoch habe ich ihre Songs oft in den deutschen Hitparaden vermisst, obwohl auch bei uns zwanzigtausend Leute und mehr zu ihren Konzerten gepilgert sind. Wir müssen also erkennen und uns selbst eingestehen, dass das alte Schlagerdenken nicht mehr existiert.

Ich habe nach der großen Karriere, die ich machen durfte, die Erkenntnis gewonnen, dass in Deutschland ein Erwachen, eine Götterdämmerung stattgefunden hat – hin zu wahrer Aussage und Qualität und weg vom Einlullen und Gesäusel. Jeder junge Mensch, der aus meinem Munde hört, ich würde mich als Pionier fühlen, wird darüber lachen und denken: »Der ist doch der Etablierte. Ein Rockstar hingegen ist ein Pionier.« Ich werde jetzt mal etwas philosophisch: Die Pioniere sind die, die wirklich mit der deutschen Sprache versuchen, verantwortungsvoll umzugehen. Die Massenvermarktung passiert in der Rockszene. Es geht mir nicht darum, nur eine Zielgruppe von Menschen zu erreichen. Ich glaube auch nicht an das Zielgruppen-Denken und möchte mit all diesen Dingen und Zwängen für mich persönlich aufräumen. Ich habe eine Botschaft für mich. Ich suche nach meiner eigenen Wahrheit. Wenn diese Suche auch für andere nachvollziehbar und teilweise identisch ist, dann habe ich auch eine Botschaft für sie.

Aber ich warne jeden Musikfreund und Weltbeobachter davor, irgendeinem Menschen auf diesem Erdball zu glauben, der sagt: »Ich komme mit einer Botschaft für euch.« Das ist sehr gefährlich und grenzt schon an Scharlatanerie. Ein Musiker, der gute Musik macht, tut es, weil er etwas für sich selbst bewältigen muss. Ein Maler, der ein gutes Bild malt, tut es ebenfalls aus diesem Grund. Ich erwähne die Malerei so oft, weil mein Bruder eben Maler ist und ich oft mit ihm über solche Themen spreche. Wenn er mir sagen würde: »Ich stelle mich jetzt an die Leinwand und male, weil ich der Welt eine Botschaft bringen muss«, dann würde ich ihm antworten: »Du bist ein dummer Hund und ich glaube dir kein Wort.« Aber wenn er sagt: »Weißt du, ich möchte jetzt was ganz Tolles malen, weil ich etwas in mir fühle, was ich bewältigen muss«, dann glaube ich ihm das. Und dann wird er die Menschen auch mit seiner Ehrlichkeit erreichen. Diese Ehrlichkeit gilt es bei sich selber zu finden.

Wenn ich über mich singe, über mein eigenes Dasein, über meine kleine unwichtige Qual, die ich mit mir herumschleppe, dann muss es ehrlich und musikalisch ästhetisch sein. Wenn auch andere dann ihre Freude oder ihren Schmerz in meinen Liedern wiederentdecken, freue ich mich. So finden Publikum und Künstler auf einer ehrlichen Basis zueinander. Wenn Künstler aber sagen, sie hätten ihr Talent von Gott bekommen, wären ein Genie und müssten der Welt durch ihre Kunst wie ein Messias die Wahrheit bringen, dann beginnt bei mir die totale Unglaubwürdigkeit. Davor warne ich. Diese Form der Botschaft habe ich nicht. Wer sich mit mir gemeinsam hinsetzen möchte, um über uns und unsere Gesellschaft nachzudenken, der ist jederzeit herzlich willkommen. Welche Mittel und Wege finden wir, um unser Leben jenseits materieller Ansprüche lebens- und liebenswerter zu gestalten? Wie erreichen wir es, unsere Mitmenschen wirklich zu akzeptieren, unsere Partner, Freunde und Kinder intensiver zu lieben? Wer diesen Dialog sucht, als dessen Künstler fühle ich mich und möchte dabei sein!

11.

5 Minuten vor 12

UDO JÜRGENS – EIN MANN FÜR DIE POLITIK?

*Ich sah Hass in den Augen,
blindwütenden Glauben ...
sah' Bomben und Minen,
sah' Schieber verdienen ...*

*Sah' Klugschwätzer reden
und Fanatiker töten ...
Und ich sah auf die Uhr:
5 Minuten vor 12.*

War Udo Jürgens ein politischer Mensch? Ja, das war er! Aber er hat seine Meinung niemandem aufgedrängt, er hat geantwortet, wenn er gefragt wurde. Dann allerdings blieb er keine Antworten schuldig. Einer Partei ist er nie beigetreten, im Gegenteil, er hatte politischen Gruppierungen gegenüber eine sehr zurückhaltende Einstellung und kritisierte Parteien und Politiker mitunter unmissverständlich: »Den Eliten geht es gar nicht darum, ein Land zu regieren – sie wollen ihre Macht erhalten«, sagte er im Interview mit dem Wirtschaftsmagazin *Capital*. Gegenüber dem *Hamburger Abendblatt* äußerte er sich: »Quer durch die Parteien vermisse ich die Anerkennung von Leistung.« Anerkennung zollte er der Bundeskanzlerin Angela Merkel und bezeichnete sie als »eine imponierende Frau«.

In seinen Liedern gab Udo immer wieder Denkanstöße und löste damit zum Teil heftige Diskussionen aus. Politische Lieder gehörten zu seinem festen Repertoire. Das begann bereits 1970 mit »Lieb Vaterland«. 1974 erschien »Griechischer Wein« – hier stellte Udo das Thema Gastarbeiter in den Mittelpunkt und warb schon damals für Integration. Im selben Jahr zeigte er antirassistisches Engagement. In seinem Hit »Ein ehrenwertes Haus« heißt es: »Die Witwe, die verhindert hat, dass hier ein Schwarzer einziehen kann …«

1982 veröffentlichte Udo eines seiner intensivsten Lieder. In »5 Minuten vor 12« hält er uns den Spiegel dieser Welt vor Augen und warnt vor Krieg, Fanatismus und Unmenschlichkeit. Auch spricht er die Umweltproblematik an: »Und ich sah einen Wald, wo man jetzt einen Flugplatz baut. Ich sah' Regen wie Gift, wo er hinfiel, da starb das Laub ... Und ich sah einen Strand, der ganz schwarz war von Öl und Teer ... und ich sah auf die Uhr: 5 Minuten vor 12.«

Ein Jahr später war es ein innenpolitisches Thema, das Udo musikalisch aufgriff: das geteilte Deutschland. In »Bruder, warum bist du nicht mehr mein Bruder« fragt er: »Warum steht ›Betreten verboten‹ für mich am Tor zum Gelände im Stacheldrahtzaun ... Kannst du meine Lieder bei euch drüben hör'n ... oder ... Warum es so weit ist von Berlin nach Berlin?«

1988 war es dann die Bevölkerungsexplosion auf dieser Erde, mit der sich Udo in »Gehet hin und vermehret euch« beschäftigte. Bissiger Umwelt-Protest auch 2008: »Die Eskimos schwitzen, der Eisberg ertrinkt ... Die Felder gespritzt, die Kühe in Trance, denn sie sind gedopt wie bei der Tour de France. Und das Kernkraftwerk, das strahlt nebenan. Willkommen beim *Tanz auf dem Vulkan*«.

Man könnte noch viele Beispiele anführen ... Es ist bemerkenswert, dass bei vielen von Udos Liedern und ›Protestsongs‹ der Inhalt auch Jahre später noch aktuell ist. Ein gutes Beispiel dafür ist auch das Lied »Die Stadt in der Sonne«, das 1976 veröffentlicht wurde und worin es um den damaligen Bürgerkrieg in Beirut geht.

2015 wurden in der Stadt bei Selbstmordanschlägen Dutzende Menschen getötet, der IS bekannte sich zu den Anschlägen und der Libanon ist eine Hochburg der schiitischen Hisbollah. Dazu versinkt Beirut in stinkenden Müllbergen. Manche Schauplätze haben sich verschoben, andere sind hinzugekommen. Viele politische Miseren und andere Gegebenheiten aber scheinen unverändert und haben an Aktualität nichts verloren. Die Probleme sind erkannt, aber nicht gelöst. Udo hat auch hinterfragt, inwieweit er sich als Sänger politisch einmischen durfte, wobei es doch seine Aufgabe sei, die Menschen zu unterhalten.

Ich glaube, dass kein Mensch von mir politische Aussagen erwartet. Wenn ich meine persönliche Meinung zu verschiedenen Dingen sagen würde, könnten die Leute vielleicht denken: Mensch, der zieht sich ein paar Schuhe an, die ihm viel zu groß sind. Das möchte ich allgemein vorausschicken, sollte ich überhaupt einmal eine brauchbare politische Äußerung machen. Wahr ist, dass mich die Außen- und Innenpolitik sowie auch die Europa- und Weltpolitik seit Jahren sehr interessiert, zumal ich weltweit unterwegs bin.

Erstens habe ich festgestellt, dass das, was in der Politik passiert, unser Leben in entscheidendem Maße bestimmt. Zweitens, dass Politik unwahrscheinliche Parallelen zu meinem Beruf hat. Beides hat viel mit Psychologie zu tun.

Man kann an der Politik und am politischen Verhalten von Menschen und Politikern sehr viel erkennen und Studien betreiben, was übrigens auch für meinen Beruf nicht uninteressant ist. Auf meinen Reisen lerne ich viele Menschen kennen, spreche mit den Leuten und bekomme dadurch auch ein gewisses politisches Bild – ob das dann richtig oder falsch ist, sei mal dahingestellt. Jedenfalls bilde ich mir ein, einen kleinen Durchblick zu haben.

In manchen Dingen vertrete ich eine völlig andere Meinung als die momentane politische Mehrheit, aber ich sehe eine gewisse Gefahr darin, mich als bekannter Musiker in kurzen Abhandlungen zu politischen Abläufen zu äußern. Da könnte man mir zu Recht den Vorwurf der Vermessenheit machen. Aber es ist schon eine faszinierende Vorstellung, politisch einzugreifen. Wäre ich nicht in meinem künstlerischen Beruf gelandet, hätte es durchaus sein können, dass ich in irgendeiner Form politisch tätig geworden wäre. Warum ich nie daran gedacht habe? Nun, in jungen Jahren habe ich mich gar nicht für Politik interessiert, und zum anderen ist eine politische Karriere zu sehr abhängig von Parteienklüngel und Vereinsmeierei, um es mal auf diese sehr passenden Begriffe zu bringen. Eine politische Karriere ist kaum möglich, wenn man die Parteibücher nicht bis zum letzten Tropfen auslutscht, sich nicht in diesem Partei-Proporzdenken durchschummelt, hochdienert und kuscht. Es ist wie beim Fahrradfahren: nach oben buckeln und nach unten treten.

Ich glaube, eine Parteikarriere ist für einen gestandenen, individuellen Einzelgänger mit einer starken Aussage und einem festen Auftritt kaum möglich. Man müsste mal genauer untersuchen, ob so jemand überhaupt leicht in eine Partei hineinkommen kann. Man muss sich da wohl nicht nur von unten hochdienen, man muss sich zum Teil wahrscheinlich auch hochschleimen und kriecherisch verhalten. Das hat mich immer abgehalten. Aber ansonsten würde mich der Gedanke, politisch arbeiten und wirken zu können, sich für Dinge einzusetzen und dafür zu kämpfen, schon reizen.

Man muss als Politiker ähnlich engagiert sein wie ein Soul-Musiker auf der Bühne. Man muss fest an das glauben, was man sagt. Und man merkt doch, ob sie nur Phrasen dreschen oder wenigstens zur Wahrheit tendieren. Durch die Medien, wie zum Beispiel durch das Fernsehen, entlarven sich Politiker manchmal auch ganz von selbst. Aber ich muss ehrlich sagen, es ist schon eine faszinierende Vorstellung, in der Politik tätig zu sein. Einen Ministerposten kann ich mir allerdings nicht vorstellen, solch ein Gedanke ist zu weit von der Realität entfernt.

Was mich sehr stark interessieren würde, ist die Einflussnahme auf wichtige Entscheidungen, auf das soziale Leben, auf das gemeinschaftliche Leben der Menschen untereinander. Einfluss nehmen zu können auf Dinge, von denen ich überzeugt bin. In unserer Welt mit daran zu arbeiten, die Weichen zu stellen und mitzuhelfen, unsere Gesellschaft in richtige, zukunftsweisende Bahnen zu lenken. Das ist eine große Aufgabe, und es ist für den, der es tut, mit dem Gefühl und der Gewissheit verbunden, etwas Nützliches zu tun.

Ich glaube, dass der Politiker der Zukunft sich sehr vom heutigen Politiker unterscheiden wird und es auch muss. Wichtig und notwendig sind wirkliche Macher. Ein Bundeskanzler, ein amerikanischer Präsident, ein Premierminister muss ein Macher sein, der entschlossen Sachen anpackt! Ich glaube, der Politiker der Zukunft muss auch ein anderes Verhältnis zur Wahrheit finden. Ein Politiker, der gewählt werden möchte, oder eine Partei, die den Präsidenten oder Kanzler stellen will, darf meiner Meinung nach heute nicht die ganze Wahrheit sagen, um das Ziel oder den Wahlsieg zu erreichen. Und das ist eine der größten globalen Katastrophen an der Demokratie, die für mich trotz allem die einzig machbare Staatsform ist. Davon bin ich fest überzeugt!

Aber wir müssen in der Demokratie versuchen, einen Weg zu finden, der es den Mächtigen und den Parteien gestattet, den Leuten endlich mal die Wahrheit zu sagen. Ich glaube, dass wir, jeder Bürger und jeder Wähler, wissentlich belogen werden, weil man mit der Wahrheit keine Wahl gewinnen kann. Die Wahrheit über die Atomenergie, die Wahrheit über die Energiekrisen, die Wahrheit über all diese Dinge ...

Apropos Wahrheit – nehmen wir zum Beispiel mal den »Club Of Rome«, den gemeinnützigen Zusammenschluss von Politologen, Wissenschaftlern, Zukunftsforschern und Experten höchster geistiger Potenz. Diese setzen sich für die Zukunft der Menschheit ein und werden von den Politikern manchmal verlacht, weil sie die unbequemen Dinge aussprechen. Ich glaube, dass diese Zukunftsforscher, allesamt hochintelligente Köpfe, anhand der gegebenen Tatsachen, was heute auf der Welt los ist, und mithilfe von Computerberechnungen einiges voraussagen können. Man sollte mehr auf diese Experten hören und sie in das aktuelle politische Leben einbeziehen.

Ich bin mir sicher, dass selbst die mächtigsten Regierenden den Bürgern mit Sicherheit nicht in allen Punkten das sagen können, was sie wissen. Und in solchen Positionen weiß ein Politiker Dinge, da würden sich uns die Haare einzeln aufstellen, würden auch wir sie wissen. Vieles wird uns verschwiegen, um Ruhe im Volk zu bewahren und keine Panik aufkommen zu lassen. Ich bin der Meinung, der Politiker der Zukunft, beziehungsweise die Politik von morgen, muss mehr Informationen an die Bürger weitergeben. Das Volk muss besser Bescheid wissen. Dann kann man die Leute auch besser von geplanten Vorhaben überzeugen und Ruhe in die Bevölkerung bringen. Man darf den einzelnen Menschen nicht vergessen!

Ich fürchte mich vor der Fehlbarkeit und vor der Rachgier der Menschen. Man muss sich endlich fragen, wie löse ich die immer noch bestehenden Hungerprobleme auf dieser Erde. Man darf die harten Antworten, die auch zum Teil von Computern errechnet werden, nicht ignorieren. Die Antwort wird lauten: ganz strenge Kontrollen. Ich spreche auch das Wort Geburtenkontrolle aus, das muss gemacht werden. Die Bewässerung trockener Gebiete und der Anbau von Nahrungsmitteln auf Feldern – im Grunde genommen sind das alles ganz einfache Dinge, die wir wissenschaftlich längst beherrschen. Man muss das Übel an der Wurzel packen. Wir leben in einer Phase zwischen Technik und Realität. Wir wissen von den Problemen und beseitigen sie nicht. Wir sprechen sie nicht einmal aus, weil das für den Politiker wiederum das Verlieren einer Wahl bedeuten könnte. Es wird und muss in der Zukunft ein großer Umdenkungsprozess im politischen Denken und Handeln stattfinden.

Zu erwähnen wäre noch, dass politische Themen durchaus auch einmal den Anstoß für ein Lied geben können. Mir ging es 1976 so, als ich in den Nachrichten allabendlich die Bilder aus Beirut sah. Dort tobte der Bürgerkrieg. Die Frontlinie zog sich mitten durch das Zentrum und teilte die Stadt. Diese Situation wollte ich kritisch sachlich in einem Song verarbeiten. So entstand »Die Stadt in der Sonne«. Auch dieser Text stammt von Michael Kunze, mit dem ich sehr viele Lieder geschrieben habe. Er bringt es immer auf den Punkt: »Die Stadt in der Sonne verhüllt ihr Gesicht, mit Ruß färbt sie schwarz die Moschee. Die Stadt in der Sonne begreift es noch nicht, dass ihre Kinder sich nicht mehr versteh'n.« An einer anderen Stelle heißt es: »Man schwenkt die Fahnen, stirbt für seinen Glauben. Es kämpfen Nachbarn plötzlich auf verschied'nen Seiten. Und jeder spricht von Freiheit, die es wert sei, dass man die Stadt zerstört.« Wenn ich dieses Lied singe, habe ich die Bilder dazu immer noch vor Augen. Wenn es den Menschen im Publikum auch so geht, dann habe ich mit solch einem Lied viel erreicht. Ich kann damit zwar keinen Frieden stiften, aber wenigstens den Gedanken daran lebendig halten.

12.

Mein Weg zu mir

VON GESTERN, HEUTE UND MORGEN

*Mein Weg zu mir war niemals eben
er war nicht immer klug und geradeaus genug*

*Mein Weg zu mir – das ist mein Leben
und vielleicht finde ich – am Ende mich*

Udo war ein Mann, der bis zum letzten Tag seines Lebens keinen Stillstand kannte – weder geistig noch künstlerisch. Er war rastlos, wenn es darum ging, neue Wege zu erkunden, ohne dabei jedoch die Erfahrungen seines so facettenreichen Lebens außer Acht zu lassen. Er war, wie man so schön sagt, ein kluger Kopf. Bestimmt nicht immer – gerade in den Anfangsjahren seiner Karriere übersah er so manche Stolpersteine und Schlaglöcher –, aber mit den Jahren wurde er zum Baumeister seiner Straße, einer Straße zu Anerkennung und dauerhaftem Erfolg.

Udo war wissbegierig, zweifelnd, selbstbewusst, mutig, ängstlich, liebevoll, zornig. Eine Zeile aus dem Lied »Ich war noch niemals in New York« beschreibt vortrefflich noch eine andere Seite von ihm, die er zu leben verstand: »Einmal verrückt sein und aus allen Zwängen flieh'n ...« Udo konnte herrlich verrückt sein – ein Traumtänzer, der »im Traum die Beatles überbeaten« konnte, wie es in einem Text von Friedhelm Lehmann heißt.

In seiner ihm eigenen Art griff er nach den Sternen und wollte sie vom Himmel holen – er liebte die schönen Seiten des Lebens, er liebte das Zusammensein mit Freunden und interessanten Gesprächspartnern, er liebte die Geselligkeit, das ungezwungene Miteinander. Er schrieb Briefe und führte Telefonate. Er

achtete darauf, den persönlichen Kontakt zu denen, die ihm nahe standen, nicht zu verlieren, und zog das dem Chatten im Internet vor. Er lehnte das Neue nicht ab, im Gegenteil, es faszinierte ihn, aber er bewahrte auch alte Werte.
Udo Jürgens war ein Mann der Gegensätze, ein starker Charakter-Typ, oft auf der Suche nach sich selbst. Dass Udo stets sein »Ich« erkunden und begreifen wollte, verrät er uns auch in vielen seiner Lieder. Wolfgang Hofer textete für ihn: »Auf der Suche nach mir selbst fand ich Spuren noch und noch, und wenn man die zusammenfügt, wird mir klar: Ich bin es doch ...« Oder in »Einfach ich« singt er: »Bist ganz still, schaust mich an, kennst mich gut, kennst mich lang. Doch ganz tief in dir drin fragst du dich immer noch, wer ich

15 Ich führte 1992 in Baden-Baden mit Udo ein Interview für »Radio Victoria«. Am Abend gab er ein Konzert im Kurhaus.

bin ...« Udo war eben vieles – er vereinte Eigenschaften in sich, die ihn zu einer der interessantesten und erfolgreichsten Persönlichkeiten der europäischen Unterhaltungsszene werden ließen.

Udo Jürgens – ein Mann, der die Vergangenheit nicht vergaß, im Heute lebte und die Zukunft immer vor Augen hatte.

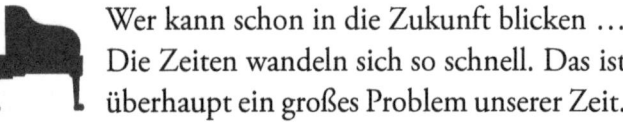 Wer kann schon in die Zukunft blicken ... Die Zeiten wandeln sich so schnell. Das ist überhaupt ein großes Problem unserer Zeit. Früher konnte man noch auf die nächste Generation vorausplanen, heute geht das kaum noch auf die nächsten zwei Jahre. Ich hoffe, dass ich das neue Jahrtausend als Neuanfang sehen kann – als einen positiven Neuanfang in vielerlei Hinsicht. Ich wünsche uns Menschen im neuen Jahrtausend tausend Jahre Glück und erhoffe mir eine gute Zeit.

Für mich startete das neue Jahrtausend mit meiner Geburtstags-Tournee »Mit 66 Jahren, da fängt das Leben an«. Dass es mit 66 anfängt, ist natürlich Quatsch. Als junger Mensch hatte ich doch eher ein mühsames Leben, dann wurde es etwas besser und Mitte dreißig habe ich aus den Vollen geschöpft. Da habe ich dann auch ein exzentrisches, wüstes Leben geführt. Das waren die Siebzigerjahre, wo man auf allen Gebieten übertrieben exzessiv gelebt hat. Das hat mir auch gar nicht gut getan. Zum Glück habe ich diese Zeit gesund überstanden. Dennoch habe ich den »70er-Udo« schon sehr gerne gehabt und möchte die Zeit nicht missen. Es war auch eine Entwicklungsphase und Gott sei Dank kein Stehenbleiben.

Das Schlimmste, was mir hätte passieren können, war, dass die Leute sagen, früher war er besser. Aber das Publikum und die Kritiker bestätigten mir eine positive Entwicklung – und mir ist der Udo der späteren Jahre absolut lieber! Was ich mit dem Lied »Mit 66 Jahren« sagen will, ist, dass das Leben in diesem Alter nicht aufhört. Auch ich werde von Jahr zu Jahr älter und finde das gar nicht negativ, im Gegenteil, ich empfinde es als fabelhaft. Ich darf heute Liederthemen anpacken, die man als junger Bursche nicht so leicht singen kann. Ich habe heute keine Hemmungen, ein heikles Thema zu besingen, wenn es mir gefällt. Ich sehe meine Entwicklung positiv, da ich in den Aussagen seriöser, ernster und besser geworden bin.

Die meisten Leute haben eine panische Angst vor dem Älterwerden. Viele geben sich als Rentner mehr oder weniger auf, ziehen sich zurück, kraulen die Katze hinterm Ohr und sitzen am Ofen. Sie lassen das Leben an sich vorbeiziehen, betrachten sich selbst als Schlüssellochgucker, schauen durch die Fernsehröhre dem Leben zu und nehmen nicht mehr daran teil. Mit meinem Lied will ich die Leute auffordern, das nicht zuzulassen. Und für mich gilt das sowieso überhaupt nicht! Ich lebe heute intensiver als früher und mit großer Freude. Aber auch mit dem bitteren Geschmack auf der Zunge, dass der Weg nach vorne kürzer wird als der, der bereits hinter mir liegt. Das ist eben so, doch umso mehr fühle ich mich dem Leben verpflichtet. »Carpe Diem« – genieße den Tag!

Ich glaube, das Leben besteht nicht nur aus Pflichterfüllung, sondern auch aus der Fähigkeit, es zu genießen. Das halte ich für eine ganz wichtige Einstellung, ich würde sogar sagen für eine soziale Pflicht, die wir haben! Wenn mehr Menschen ihr Leben genießen könnten, hätten wir nicht so große gesellschaftliche Probleme, denn die entstehen auch dadurch, dass so viele Menschen frustriert und nicht bereit sind, die schönen Seiten des Lebens zu sehen.

16 1999 war Udos Autogrammfoto gleichzeitig das Motiv des Covers zum Album »Ich werde da sein«.

Das hört sich jetzt unwahrscheinlich selbstherrlich und egoistisch an, aber ich glaube, dass in jedem von uns, wenn wir ehrlich sind, eine gehörige Portion Egoismus steckt und auch stecken muss. Wenn das nicht der Fall ist, fehlen uns die notwendigen Antriebsfedern, die uns zu besonderen Leistungen und Fähigkeiten bringen können. Jeder Mensch, der eine gesunde durchschnittliche Erfolgsquote im Leben hat, muss meiner Meinung nach auch Eigenliebe empfinden und umsetzen. Das bedeutet aber nicht, dass man sich manchmal selbst nicht ausstehen kann, sich selbst scharf kritisiert, sogar mit sich selbst nicht im Reinen ist. Bei mir ist das übrigens sehr oft der Fall.

Aber es steckt ein Körnchen Wahrheit drin, wenn man sagt: Eigenliebe ist notwendig, um Selbstvertrauen zu haben, was man wiederum braucht, um etwas Außergewöhnliches zu erreichen. Egoismus ist gesund für den Beruf und für das Privatleben. Ob man ihn anerzogen bekommt oder ihn selbst für sich entdecken muss, wird fallweise verschieden sein. Es kommt ganz auf das Elternhaus und die Herkunft an, ob man zu Hause unterdrückt oder frei erzogen wurde. Auch die sozialen Unterschiede sowie soziale Probleme in der Jugend spielen eine Rolle. Ebenso die Umgebung, in der man aufgewachsen ist – das alles prägt einen und färbt auf das spätere Leben ab. Heute erziehen wir unsere Kinder dazu, sich frei zu fühlen. Wenn ich meine Kinder Jenny und Jonny so beobachte, freut es mich, denn die reden ganz offen mit mir und sind fröhlich und frei. Sie sind genau das, was man sich unter glücklichen Kindern vorstellt.

Es bleibt natürlich abzuwarten, ob im späteren Leben diese frei erzogenen Kinder auch die Kräfte entwickeln können, die man in unserer Gesellschaft zum Durchstarten braucht, und ob sie dann auch frei von Komplexen sind. Ich zum Beispiel habe besondere Kräfte aus meinen Komplexen heraus entwickelt. Ich habe in meiner Jugend wirklich sehr starke Komplexe gehabt. Es waren Minderwertigkeitskomplexe und Gefühle der Unterdrückung, besonders in der Schule. Deshalb war ich ein sehr unglückliches Kind und ein sehr unglücklicher Jugendlicher. Diese Komplexe waren wie eine geballte Ladung, die sich in mir auftürmte. Es hat dreißig Jahre gedauert, bis sich diese aufgestauten Komplexe endlich entladen konnten, einhergehend mit meinem Erfolg.

Aus den Komplexen und der Unterdrückung ist, wenn man so will, letztlich Erfolg geworden. Das klingt jetzt vielleicht ein bisschen kompliziert, aber man muss abwarten, ob aus dieser glücklicheren Jugend von heute später auch gesellschaftsfähige Menschen werden. Bestimmt wird es leichter sein, sich in die Gesellschaft zu integrieren, zumal heute die Gruppe mehr zählt und auch erfolgreicher ist als die Einzelperson. Das war in den Sechziger- und Siebzigerjahren noch anders. Da musste man sich als Einzelperson durchsetzen. Das hat sich mit der Zeit stark verändert. Es gibt heute weniger erfolgreiche Einzelpersonen, sondern viel mehr erfolgreiche Gruppierungen – in der Musik, in der Politik und auf anderen Gebieten. Es stellt sich ein Trend zum Teamdenken ein. Das kann sich mit den Jahren aber auch wieder wandeln.

Mein Erfolg beruht noch auf dem Egoismus der Einzelperson. Ich musste mich alleine mit meiner Musik durchsetzen, ganz egoistisch *meine* Musik und *meine* Lieder schreiben. Meine Gedanken, Schmerzen und Freuden in Töne umsetzen. Diese Umsetzung und der dann daraus resultierende Erfolg waren zweifellos nur möglich, weil ich aus meiner unglücklichen Kindheit später unglaubliche Kräfte geschöpft habe. Energien und Aggressionen habe ich nicht im Wände beschmieren oder in irgendwelchen Gewaltakten entladen, ich habe mein Talent genutzt und mich am Klavier ausgetobt.

Trotz dieser unglücklichen Kindheit und Jugendzeit hatte ich immer ein hervorragendes Verhältnis zu meinen Eltern. Nur war es damals so, dass wir mit ihnen kein Wort über sexuelle Fragen und andere Tabuthemen gesprochen haben, was in der Pubertät eigentlich wichtig ist. Das waren Themen, die abgelehnt und letztlich sogar als schmutzig angesehen wurden. Darunter habe ich gelitten, weil ich eine sehr schwierige Pubertät hatte und immer in unheimlichen Fantasien gelebt habe. Ich wusste nichts damit anzufangen und fragte mich: Bin ich schlecht, bin ich verdorben, bin ich krank, bin ich sonst irgendwas …? Weil ich einfach mit keinem Menschen darüber reden konnte, stand ich vor einem Rätsel, wie das weitergehen sollte.

Später haben meine Eltern es immer bedauert, dass es zur damaligen Zeit so war. Sie räumten aber gleichzeitig ein, dass sie auch selber nie über diese Themen gesprochen haben. Mein Vater und meine Mutter führten eine glückliche Ehe. Die beiden haben sich sehr geliebt, aber sich nie über ihre Sexualität unterhalten. Sie waren eben der Meinung, über diese Dinge spricht man nicht. Für mich wäre es damals aber notwendig und hilfreich gewesen, zumal ich ein übersensibles Kind war. Heute spricht man mit seinen Kindern ganz offen über diese Dinge, das ist eine Selbstverständlichkeit. Es geht ja auch gar nicht mehr anders – da geht ein Kind durch die Straßen und sieht an jedem Kiosk und in vielen Schaufenstern nackte Brüste und findet Gott sei Dank nichts Anstößiges an einem nackten Körper. Ein junges Mädchen weiß, wie ein nackter Mann aussieht, und ein junger Mann weiß, wie ein nacktes Mädchen aussieht. In meiner Jugend war das völlig anders. Ich weiß noch, eines Tages brachte ein Mitschüler das Foto einer nackten Frau mit in die Schule. Ich war ungefähr fünfzehn und es war die totale Sensation. Wir bekamen alle hochrote Köpfe, nicht vor Scham, sondern vor Erregung.

Ein Junge fragte: »Hast du so was schon mal gesehen?« Und ein anderer hat geantwortet: »Ja, ich habe meine ältere Schwester durchs Schlüsselloch im Badezimmer beobachtet.« Das waren damals noch echte Probleme! Durch diese Tabus haben sich dann unglaublich viele Dinge in einem jungen Menschen angestaut. Heute ist das glücklicherweise anders! Ich muss es aber nochmals deutlich sagen: In meinem Fall haben diese seelischen Belastungen in meiner Kindheit und Jugend letztlich zu meinem beruflichen Erfolg geführt und dazu beigetragen, dass ich später in der Musik einen eigenen Stil gefunden habe, um mich auszudrücken, mich mitzuteilen.

Diese Befreiung von aufgestauten Komplexen führte auch zu einer Art Explosion in die sexuelle Freiheit, die bei mir aber sehr, sehr spät kam. Schon als Kind hatte ich ein starkes Interesse am anderen Geschlecht. Wie alle Kinder haben wir uns auch mal ›untersucht‹ und in den Hinterhöfen die üblichen Doktorspiele gemacht. Das ist wohl auch ganz normal. Aber als ich dann in das Alter kam, wo vielleicht heute die meisten jungen Leute ihren ersten Sex haben, kam es bei mir nie dazu. Ich hatte auch Angst – es gab keine Verhütungsmittel, keine Pille ... und ein uneheliches Kind war damals mit Abstand noch etwas viel Schlimmeres als heute. Also kam es nur zu unglaublichen Verkrampfungen, angstvollen Kämpfen und zu den absoluten »Fummelkatastrophen«.

Ich habe darunter mehr gelitten als Freude empfunden, sogar unendliche Schuldgefühle gehabt. Erst mit zwanzig habe ich dann ein Mädchen zum ersten Mal körperlich geliebt. Meine erste feste Freundin hatte ich kurz darauf. Sie war Schauspielerin, drei Jahre älter und wesentlich reifer als ich. Sie hat mich gleich in eine eheartige Bindung hineingezogen. Aber zur totalen Befriedigung ist es nie gekommen. Ich sehnte mich nach sexueller Freiheit, nach Verwirklichung meiner Vorstellungen. Ich wollte mich austoben.

Mein plötzlich so explosionsartiger Erfolg brachte mir auch die so ersehnte Freiheit. Erst da habe ich mich von festen Bindungen mehr oder weniger gelöst, obwohl – so seltsam das klingt – ich gerade zu dieser Zeit Panja geheiratet habe. Das ist eine ganz eigenartige Geschichte in meinem Leben. Es war für Panja und für die Leute, mit denen ich befreundet war, eine schwere Zeit. Es war die Phase des plötzlich neu aufbrechenden Superstars, wenn ich das so sagen darf. Zehn Monate im Jahr war ich unterwegs, nicht zu Hause und getrennt von meiner Frau.

In den Jahren 1966 bis 1969 habe ich jede Halle in Deutschland gefüllt. Die Leute haben sich vor mein Auto geworfen, es gab hysterische Zusammenbrüche, Euphorie und alle Verrücktheiten. Die Explosionen meines Lebens, meiner Empfindungen und meiner Gefühle haben auch meine Beziehung zum anderen Geschlecht zum Explodieren gebracht. Es war auch so eine Art Nachholbedarf. Man muss sich das mal vorstellen: Mit neunzehn habe ich meine erste Platte gemacht und mit dreißig kam erst der Erfolg. Über zehn Jahre habe ich Schallplatten aufgenommen, bin erfolglos herumgetingelt, habe in verschiedenen Bands gespielt, bin in Jazzclubs aufgetreten, habe alle möglichen Arten von Auftritten absolviert, mal mehr und mal weniger erfolgreich. Im Grunde war das alles sehr frustrierend.

Mit Ende zwanzig war ich so weit, dass ich meine Sängerlaufbahn endgültig begraben und nur noch komponieren wollte. Und dann plötzlich dieser unglaubliche Erfolg mit diesen explosionsartigen Gefühlen, auch in meinem Privatleben. Da sind Mädchen und Frauen auf mich zugestürzt und ich konnte mehr oder weniger haben, was ich wollte. Und ich wollte! Keine Macht der Welt, keine Treue, kein Schwur und keine heiligen Versprechungen hätten mich davon abhalten können. Ich wollte diese Früchte nun ernten, die da an meinem Wege standen. Das muss man irgendwie verstehen – da waren einfach Mächte am Werk, die außerhalb meiner eigenen Kontrolle standen. Ich habe in dieser Zeit eigentlich nur für zwei Dinge gelebt: für meinen Beruf, den ich kompromisslos verfolgt habe, und für die Liebe. So nach dem Motto: Ich wollte immer Berge versetzen und jetzt tue ich es, zum ersten Mal in meinem Leben.

Natürlich gab es besonders in dieser Zeit eine Menge privater Begegnungen, die ich wie den Duft blühender Blumen im Frühling durchs offene Fenster hineingelassen habe. Ich hatte eine Vielzahl kurzer Beziehungen – manchmal ein paar Stunden, eine Nacht, einen Tag. Aber es war nie meine Absicht, jemanden zu verletzen oder einer anderen Person wehzutun. Im Gegenteil – ich habe immer in all diese Momente ein Stückchen echte Liebe mit hineingebracht. Das liegt in meiner Mentalität. So verrückt das auch klingen mag, heute muss ich sagen: Auf keine einzige dieser Begegnungen habe ich im Nachhinein auch nur mit der geringsten Verachtung geschaut. Ich habe nie gesagt oder gedacht, das ist nur ein Flittchen oder ein Groupie, das da am Bühnenrand steht und mal eben eine Nacht mit einem Musiker verbringen möchte – heute mit dem einen und morgen mit einem anderen. Ich habe sogar echte Dankbarkeit empfunden, weil die blutenden Wunden in meiner Seele auf diese Weise gekühlt und geheilt wurden. Ich weiß selbst nicht genau, was da in mir und um mich herum vorgegangen ist. Es waren die wilden Jahre meines Lebens – die späten wilden Jahre ...

Das ging damals leider auch so weit, dass ich in gewissen Punkten Schwäche gezeigt habe, in denen man im Hinblick auf eine lange Karriere keine Schwäche zeigen darf. Ich war auch durch mein unvernünftiges Leben gesundheitlich stark angegriffen. Der Erfolg am Anfang ist am schwersten zu verdauen und ich hab einfach zu viel getrunken – man darf ruhig sagen gesoffen. Ich habe stark geraucht, wenig geschlafen und mir die Nächte um die Ohren geschlagen. Dabei habe ich nebenher noch mein volles Arbeitspensum geleistet. Das war alles Ende der Sechzigerjahre. Wenn ich mich dagegen heute sehe, bin ich, ohne meine Sensibilität verloren zu haben, entscheidend ruhiger geworden. Ein gewisses Erkennen von wichtigen Dingen hat mir persönlich sehr genützt.

Und eins ist ganz klar: Diese unbedachten Dinge, die ich gemacht habe, gibt es nicht mehr.

Mich ohne eine Sekunde nachzudenken am Abend in eine Beziehung hineinzustürzen, das habe ich eingestellt. Ich bin bewusster geworden und handele dementsprechend. Ich weiß auch, dass nicht die Quantität im Leben dem Menschen das Glück bringt, sondern die Qualität. Das ist in allen Bereichen gleich, auch in der Musik und in meinem Beruf. Ich würde auch heute keine Tournee mehr mit 266 Konzerten machen, wie ich es 1970 getan habe. In der Quantität habe ich damals den Rausch meines Berufes erlebt. Dabei ist die Qualität viel wichtiger, und zwar in allen Bereichen des Lebens. Ich bin auch nicht mehr von dem Gedanken beseelt, nur Leute um mich herum zu haben, die immer sagen: »Du bist der Größte, die Nummer eins ...« Man muss einfach sein Bestes geben, das ist doch eine Selbstverständlichkeit!

Mir geht es heute um ganz andere Fragen. Es geht nicht darum, die Nummer eins zu sein. Diesen Begriff finde ich sowieso lächerlich. Ich möchte einfach glaubwürdig sein und zu der Gruppe oder Familie derjenigen gehören, die das Glück haben, anderen Menschen mit der Musik etwas zu geben. Musik ist etwas, das die Menschen heute mehr brauchen als Waffen. Sie brauchen die Musik mehr als viele unnütze Dinge des alltäglichen Lebens. Der kulturelle Beitrag allgemein, der uns von anderen vermittelt wird, ist lebenswichtig. Was würden wir tun, wenn uns plötzlich die Musik, die Bundesliga, der Sport, die kulturelle Unterhaltung verboten würde? Ich glaube, die Menschen würden sich innerhalb eines Jahres in reißende Bestien verwandeln. Wir brauchen diese kulturellen Dinge wie das tägliche Brot. Die Musik ist für den Menschen eine absolute Notwendigkeit, genau wie auch die Literatur, Bilder, Fotografie, Film, Fernsehen und die Medien in guter, anspruchsvoller Form. Mein Beruf ist meine Mission – ich möchte mit meiner Musik einen Beitrag für uns alle leisten. Ich schreibe meine Lieder für jeden, der sie hören möchte und der sie braucht.

Äußerlichkeiten sind mir vollkommen unwichtig geworden. Früher waren die mir vielleicht mal wichtig. Heute nicht mehr. Ich wollte aber auch nie eine Nummer sein, auch keine Nummer eins so wie in der Werbung – hier ist das Waschmittel Nummer eins ... Ich will glaubhaft sein und ehrliche Lieder schreiben. Ich will einen festen Platz in unserer Musik- und Unterhaltungsszene haben. Wenn man intensiv, gewissenhaft und hart arbeitet, kommt auch der Erfolg – oder in meinem Fall auch mal Hits wie »Buenos Dias, Argentina« oder »Mit 66 Jahren«. Ob das nun eine Nummer eins oder eine Nummer fünf ist ... nach welchen Kriterien wird man eingeordnet? Wahrscheinlich danach, wie viel die Leute an einem verdienen. Ich nehme an, dass man dann als Nummer eins bezeichnet wird, wenn andere sagen können: »An dem habe ich so viel verdient wie an keinem anderen.« Ich bin gerne erfolgreich, das gebe ich zu. Und auch den kommerziellen Aspekt sollte man nicht außer Acht lassen. Aber diese manchmal fast waschmittelartige Bezeichnung von Menschen und Künstlern lehne ich ab. Und habe es im Grunde genommen schon immer getan.

Seit meinem Wohnungswechsel in die Schweiz konnte ich immer voller Optimismus nach vorne schauen. Gerne bin ich in Zürich, wo auch mein Management in einem überschaubaren Büro mit vertrauten Leuten seinen Sitz hat. Alle arbeiten ganz persönlich für mich und mit mir zusammen. Ich fühle mich nicht wie ein Waschmittel, das verkauft werden muss. Durch meinen Freund und Manager Freddy Burger und seine Mitarbeiter wird ein Mensch vertreten, ein Künstler, der wie jeder andere auch das Recht hat, etwas älter und reifer zu werden. Dieser Mensch heißt Udo Jürgens, ein Mann, der sich ernsthaft um seine Arbeit und um eine gewisse Qualität bemüht. Der wird natürlich auch vermarktet, wenn man dieses miese Wort in diesem Fall einmal anwenden darf.

Aber das ist irgendwie auch notwendig, denn auch ich bin Teil dieser Unterhaltungsindustrie. Dennoch bin ich stets ernsthaft bemüht, mit den Leuten, mit denen ich eng zusammenarbeite, darüber Klarheit zu haben, dass wir nicht eine Ausbeutung meiner Person, meiner Ideen und meiner Gedanken vornehmen. Das alles muss mit Vorsicht geschehen, damit das Publikum nicht die Schnauze vollkriegt, weil ich auf jedem Kanal, in jeder Sendung und in jeder Zeitung andauernd zu sehen bin. Und das noch mit allen möglichen Leuten, mit denen ich unter Umständen gar nichts gemein habe. Publicity um jeden Preis – das versuchen wir zu vermeiden! Ich habe diese

Dinge ja alle erlebt, was soll ich letztlich noch beweisen? Heute geht es mir darum, nicht Hans Dampf in allen Gassen zu sein. Mit dem Älterwerden bemühe ich mich auch um immer mehr Niveau. Dafür muss man auch mal zurückschauen und aus der Vergangenheit lernen.

Diese Lehren müssen wir mit in unsere Zukunft tragen, in die neue digitale Welt von morgen, die täglich mehr Besitz von uns ergreift und von Generation zu Generation mehr Macht über uns gewinnen wird. Dabei dürfen wir den Menschen nicht vergessen, und ich bin ganz fest davon überzeugt, dass durch Computer und Technik eine Entmenschlichung nicht erfolgen wird.

Im Augenblick haben wir natürlich mit Recht eine gewisse Panik vor der staatlichen und allgemein bekannten Erfassung durch Computer, dass wir also alle zu einer Nummer, zum sogenannten »gläsernen Mensch« werden. Wenn irgendeiner irgendetwas von dir wissen will, dann sagt's ihm der Computer. Was du gestern Abend gemacht hast, wo deine politischen Interessen liegen, ob du dich mit irgendwelchen linken oder rechten Leuten getroffen hast, was du für Bücher liest und mit welchen Leuten du verkehrst. Darin sehe ich schon eine Gefahr.

Die Technik verhilft zum Teil auch in verhängnisvoller Weise zur Überwachung des Menschen durch den Staat. Auch das kann gefährlich sein. Aber ich glaube, dass man immer mehr im Einklang mit der Technik zu einer gewissen Normalität und der Zeit entsprechenden Lebensform findet. Ich glaube nicht, dass der Mensch als Individuum von der Technik in der Form überholt wird, dass er selbst eine gewisse Entmenschlichung erfährt. Die Entwicklung der letzten Jahre hat deutlich gezeigt, dass die Jugend sich zwar aller Techniken unseres Zeitalters bedient, dabei aber ihr individuelles Denken nicht aufgibt. Ein anderes Beispiel: Wenn du dir heute Großstädte ansiehst, erkennst du, dass alte Gebäude und alte Stadtkerne restauriert und gepflegt werden. Das muss man auch tun, um alte Kulturen zu bewahren.

Junge wie ältere Menschen sitzen lieber in einem gemütlichen Beisl, in einer Kneipe mit altem Gemäuer, als in einem kalten Plastiklokal. Man reaktiviert die alten Innenstädte zum Teil mit hervorragendem Erfolg. Da werden wirklich gemütliche, verschachtelte, romantische Ecken geschaffen. Daran merkt man doch deutlich, dass sich der Mensch trotz aller Technik nicht zum kalten Roboter machen lässt. Man hat erkannt, dass die Architektur der letzten Jahrzehnte nicht nur ein Irrtum, sondern ein Verbrechen war. Die Architekten selber haben ja nie in diesen trostlosen Siedlungsblöcken gewohnt, die sie da für andere errichtet haben. Endlich hat man gemerkt, dass diese Art der Städteplanung mit Betonburgen falsch war. Auch in Amerika weiß man mittlerweile, dass der Bau riesiger Wohnsiedlungen, wo der Mensch vom Auto abhängig ist, ein Fehler war.

Also die Gefahr, dass der Mensch bei allem Fortschritt der Technik zur Maschine wird, die sehe ich nicht. Das Leben kann man nicht maschinell steuern. Das Leben ist ein Wunder, was sich uns jeden Tag erneut in allen Farben zeigt – mal schwarz und mal bunt, mal traurig und mal wunderschön.

Wenn ich von mir ausgehe, muss ich unerhört dankbar

und glücklich sein, denn das Leben hat mir sehr viel Positives beschert, und ich bin ein Mensch, der das erkennt und es nicht als selbstverständlich hinnimmt. Leben ist Verpflichtung und Verantwortung. Das Leben ist ein Steuerrad, das einem viele Möglichkeiten gibt, es zu lenken. Man schreibt es allzu leicht dem Schicksal zu. Natürlich gibt es Unglücke, auf die wir keinerlei Einfluss haben, aber man kann seinem Leben jederzeit eine entscheidende Wende geben. Jeder hat die Kraft und auch die Möglichkeit dazu. Niemand sollte sich aufgeben ... das ist für mich Leben.

Das Leben besteht ja nicht nur aus dem Heute – es besteht aus Gestern, Heute und Morgen. Gestern ist das unwiderruflich Vergangene, an das man sich nur noch erinnern und an dem man nichts mehr ändern kann. Das Heute ist der Augenblick, in dem man unmittelbar entscheidet. Und das Morgen ist die Hoffnung. Das Morgen ist das, wofür ich heute die Weichen stellen kann. Wir wissen alle, dass auf dieser Welt nicht alles im Guten ist und vieles im Argen liegt. Aber wir können nur leben, indem wir positiv und hoffnungsvoll an den nächsten Tag denken und in ihn hineingehen. Und wir können versuchen, uns Wünsche zu erfüllen. Wenn man keine Wünsche mehr hat, ist man am Ende des Weges angelangt. Unerfüllte Wünsche geben uns die Kraft, zu neuen Ufern aufzubrechen – und damit meine ich nicht das Materielle.

Ich glaube, es sind die kleinen Dinge, die das Leben lebenswert machen. Vor Jahren habe ich schon das Lied geschrieben »Was wirklich zählt auf dieser Welt, das bekommst du nicht für Geld«. Es sind die freundlichen

Gesten, die Umarmungen, wenn man sein Kind nicht nur vor dem Schlafengehen umarmt, wenn man ihm über den Kopf streichelt, ein Lächeln auf der Straße zwischen fremden Menschen, ein Waldspaziergang, blühende Blumen, eine Wiese, in die man sich hineinsetzen kann … All das sind unwahrscheinlich wichtige Dinge, eben die kleinen Dinge des Lebens, wie zum Beispiel ein Lächeln. Das klingt vielleicht albern, aber es ist das Schönste, was man sich geben kann.

Ich bin unheimlich glücklich, wenn ich Menschen sehe, die mir zulächeln und dadurch eine Sekunde Glück empfinden und mir Glück schenken. Ein Glücksgefühl ist es auch, wenn man neue Lieder komponiert hat und dann nach monatelanger Arbeit zu Hause und im Studio das fertige Produkt, die neue LP in den Händen hält und davon überzeugt ist, wieder sein Bestes gegeben zu haben. Und glücklich bin ich auch über Gespräche wie diese, die etwas abseits vom üblichen Bla Bla des Alltags geführt werden. Gespräche wie diese, durch die man einen Menschen erkennen kann – was er denkt, was er fühlt …

Nachwort – *Zärtlicher Chaot*

Leben pur genießen,
Zu Spaß und Ernst bereit ...

Seh' die bunte Welt
Niemals grau und fad' ...

Nehm' mit sanfter Faust
Mir manche Freiheit 'raus ...

Vielleicht haben Sie durch dieses Buch einiges über das Leben und über die Lebensphilosophie von Udo Jürgens erfahren, was Ihnen diesen einzigartigen Künstler als Menschen näher gebracht hat. Mir war er mit all seinen Facetten sehr vertraut – in vierzig Jahren haben wir viel miteinander erlebt. Im Vordergrund standen die großen Themen, von denen Udo in den Kapiteln dieses Buches gesprochen hat – doch es passierte noch so viel mehr. Es waren die vielen »kleinen Momente«, lustige und ernste Situationen, Begegnungen und Begebenheiten, die im Gedächtnis bleiben. Vier kleine Geschichten, die noch wie ein Film vor meinen Augen ablaufen, habe ich für Sie aufgeschrieben:

Im Rahmen meiner Tournee-Dokumentation 1975 für Radio Luxemburg war ich mit Udo auch zusammen in meiner Heimatstadt Duisburg, wo er ein Konzert in der dortigen Mercatorhalle gab. In der Duisburger Tanzschule Herbers begann »meine Karriere« und ich wurde 1968/69 bei einem Wettbewerb der »Tanz-Ilustrierten« und des WDR »Zweitbester Jugend-Diskjockey-Champion Deutschlands«. Udo wusste davon und wollte diese »Geburtsstätte« mal sehen. Da kam ich auf die Idee, alle Musiker, die gesamte Crew und Udo nach dem Auftritt in die Bar der Tanzschule einzuladen. Was ich damals nicht einschätzen konnte, war die Ausdauer und Trinkfestigkeit von Musikern ... Buchstäblich bis zum letzten Tropfen wurde bis in die frühen Morgenstunden gefeiert. Die Bar war restlos »ausverkauft«.

Zwei Mitarbeiter einer örtlichen Zeitung, die Udos weißen 600er Mercedes nachts vor der Tanzschule ausfindig gemacht hatten, erwarteten uns beim Aufbruch auf der Straße. Aber es gab keine neue »Mädchen-Story«. Udo war solo und stieg sofort in den Fond der Limousine. Der Fahrer gab Gas, Udo ließ das Seitenfenster hinunter und sang: »Der Teufel hat den Schnaps gemacht, um uns zu verderben ...« Die verdutzten Gesichter der zwei wären ein Foto wert gewesen.

***

Im Jahr 1977, kurz nach seinem Geburtstag, gab Udo ein Konzert im Luxemburger »Théâtre Municipal«. Ich wollte ihm ein besonderes Geschenk machen und kam auf eine außergewöhnliche Idee. Ich rief Hannelore Marschall, Inhaberin und Figurenschnitzerin der Augsburger Puppenkiste, an und bat sie um die Herstellung einer originalgetreuen Udo-Jürgens-Marionette. Sie hatte zwar ihren Preis, aber das war es mir wert. Das Ergebnis war sensationell – die Puppe war Udo wie aus dem Gesicht geschnitten, im blauen Smoking mit rotem Einstecktuch und schwarzen Lackstiefeletten.

Bevor wir nach dem Konzert noch zu einem Galadiner fuhren, übergab ich Udo die Marionette im Hinterhof des Theaters. Er war sichtlich überrascht, aber doch etwas irritiert. Einige Zeit später traf ich ihn in Zürich und er gestand mir: »Ich will ehrlich zu dir sein. Ich habe die Marionette an jemanden weitergegeben. Ich mag keine Marionetten, denn das sind Figuren, die von anderen an Fäden gezogen werden. Und ich möchte nie eine Puppe sein, deren Fäden andere ziehen ...« Udos Ehrlichkeit konnte manchmal etwas frappierend sein, und einige haben ihm das auch übel genommen. Ich kam damit gut zurecht.

***

Meine Stimme klingt der von Udo Jürgens sehr ähnlich, erst recht, wenn ich seinen leicht österreichischen Dialekt mit anklingen lasse. Udo sagte in einer RTL-Radiosendung über den Sender: »Jetzt kommt die gleiche Stimme noch einmal ... Unsere Stimmen werden so oft verwechselt, dass unlängst sogar meine Mutter darauf reingefallen ist. Du hast bei uns zu Hause angerufen und meine Mutter war am Apparat. Sie hat dich mit Udo angesprochen und wollte dir nicht glauben, dass nicht ich es bin. Da muss also wirklich was dran sein. Ich hoffe, dass die Hörer jetzt unterscheiden können, wer spricht, und merken, dass wir doch zwei verschiedene Stimmen haben.«
Diese Stimmenähnlichkeit war und ist in der Branche bekannt. So engagierten mich Roland Kaiser und Hugo Egon Balder – sie waren die Produzenten der TV-Show »RTL Samstag Nacht« – für einen Udo-Jürgens-Sketch. Mein Mund wurde in ein Udo-Bild proji-

ziert und ich sprach quasi für ihn. Somit wurde Udo durch mich zum »sprechenden Foto«.

***

Ich engagierte Udo für eine Gala im Kurhaus Baden-Baden, das er immer »sein Wohnzimmer« nannte, da nur 1200 Besucher darin Platz finden. Wie immer ging Udo nach seinem Auftritt erst einmal unter die Dusche. Als er wieder herauskam, nur mit einem Handtuch um die Hüften bekleidet, traf er auf dem Gang zur Garderobe den »Chef des Hauses«. Udo sah ihn ernst an und sagte: »Das ist das einzige Haus auf der Welt, wo man nach dem Konzert noch ein Ganzkörper-Peeling bekommt. Sie haben hier nämlich betonierte Handtücher.«

***

17 So intensiv wie hier im Jahr 2006 waren unsere Gespräche immer wieder.

Udo gab unzählig viele Interviews – Hunderte, wenn nicht gar Tausende in seinem Leben. Nach einem sehr langen Gespräch fragte ich ihn einmal, ob es eigentlich noch unbeantwortete Fragen gäbe. »Das glaube ich nicht«, antwortete Udo. »Seit meinen ersten wirklich großen Konzerten gab es wohl keine Frage, die mir noch nicht gestellt wurde. Obwohl, das sagt man immer so leichtfertig vor sich hin. Zu sagen gibt es immer etwas. Wie viele Stunden wollen wir weiterreden? Es gäbe noch so unendlich viel zu sagen, so unendlich vieles, über das man sprechen sollte. Meine Frage an Dich, lieber Christian, müsste eigentlich lauten: Wie viele Bücher wollen wir zusammen schreiben?«

Lieber Udo,
es ist nur dieses eine Buch geworden, aber ich glaube, es würde Dir gefallen!
Danke für Dein Vertrauen und Deine Offenheit!

Dein Christian

Ich lass' Euch alles da,
Alles, was mir wichtig war,
Der Weg hinaus ist nicht sehr weit ...
Ihr seid das Notenblatt, das alles für mich war,
Ich lass' euch alles da ...

Udo Jürgens
Michaela Moritz
Der Mann mit dem Fagott

*Lieber Christian,
mit Dank,
Dein [Signatur]*

18 *In alter Tradition signierte mir Udo auch mein Exemplar seiner Familiengeschichte.*

Anhang

Quellennachweis

Kapitel 2
Wer nie verliert, hat den Sieg nicht verdient
Musik: Udo Jürgens, Text: Michael Kunze

Kapitel 4
Noch drei Minuten
Musik: Udo Jürgens, Text: Walter Leissle

Kapitel 5
Was wirklich zählt auf dieser Welt, das bekommst du nicht für Geld
Musik: Udo Jürgens, Text: Walter Brandin

Kapitel 6
Ein Mann und seine Lieder
Musik: Udo Jürgens, Text: Helga Brauneck

Kapitel 7
Lieder, die auf Reisen gehen
Musik: Udo Jürgens, Text: Wolfgang Hofer

Kapitel 8
Ihr Lieben daheim ...
Musik und Text: Udo Jürgens

Kapitel 9
Gib mir deine Angst
Musik: Udo Jürgens, Text: Michael Kunze

Kapitel 10
Ein kleines Lied für mich
Musik: Udo Jürgens, Text: Michael Kunze

Kapitel 11
5 Minuten vor 12
Musik: Udo Jürgens, Text: Michael Kunze

Kapitel 12
Mein Weg zu mir
Musik: Udo Jürgens, Text: Wolfgang Hofer

Nachwort
Zärtlicher Chaot
Musik: Udo Jürgens, Text: Uli Heuel

Ich lass euch alles da
Musik: Udo Jürgens, Text: Thomas Christen

Alle Liedtexte kann man im Internet nachlesen.

Bildnachweis

Bild 5 – Schneider / Ariola
Bild 6 – Felix Eidenbenz für BMG Ariola
Bild 8 – T. Braggenstos für BMG Ariola
Bild 9 – Klaus Schultes
Bild 11 – Manfred Bockelmann für BMG Ariola
Bild 13 – Kövesdi / BMG Ariola
Bild 14 – Manfred Bockelmann
Bild 15 – Monica Simon
Bild 16 – Manfred Bockelmann für BMG Ariola
Bild 17 – Klaus Schultes

Alle übrigen Bilder sind aus dem Archiv des Autors.

Diskographie, Videos und DVDs

Die Studioalben

1965:
Portrait in Musik (Vogue)

1966:
Francoise und Udo (mit Francoise Hardy) (Vogue)

1967:
Was ich dir sagen will (Ariola)
Portrait in Musik II (Vogue)
International (Vogue/Pop)
Chansons (Vogue)

1968:
Udo Jürgens (Ariola)
Mein Lied für dich (Ariola)
Udo (Ariola)
Wünsche zur Weihnachtszeit (Ariola)

1969:
Portrait International (Ariola)
Udo '70 (Ariola)

1970:
Udo '71 (Ariola)

1971:
So weit die Züge geh'n (Ariola)
Jonny & Jenny (mit James Krüss) (Ariola)

1972:
Ich bin wieder da (Ariola)

1973:
Es ist Zeit für die Liebe (Ariola)
International 2 (Ariola)
Let's Sing (Ariola)
Jonny & Jenny – Alle Kinder dieser Welt (mit James Krüss) (Ariola)
New World of Udo Jürgens (Polydor)

1974:
Udo heute (Ariola)
Meine Lieder (Ariola)
Wenn es Weihnachten wird (Ariola)

1975:
Griechischer Wein – Seine neuen Lieder (Ariola)
Griechischer Wein (Ariola)
Udo '75 – Ein neuer Morgen (Ariola)

1976:
Meine Lieder 2 (Ariola)

1977:
Meine Lieder '77 (Ariola)
Lieder, die auf Reisen gehen (Ariola)

1978:
Buenos Dias, Argentina (mit der Deutschen Fußball-Nationalmannschaft für die WM '78) (Ariola)
Nur ein Lächeln (Ariola)

1979:
Udo '70 – Udo '80 (Ariola)
Die Blumen blüh'n überall gleich (Ariola)
Udo '80 (Ariola)

1981:
Willkommen in meinem Leben (Ariola)
Leave A Little Love (Ariola)

1982:
Silberstreifen (Ariola)

1983:
Traumtänzer (Ariola)

1984:
Hautnah (Ariola)

1985:
Treibjagd (Ariola)

1986:
Deinetwegen (Ariola)

1988:
Das blaue Album (Ariola)

1989:
Ohne Maske (Ariola)

1990:
Sempre Roma (mit der Deutschen Fußball-Nationalmannschaft 1990) (Ariola)

1991:
Geradeaus (Ariola)

1993:
Café Größenwahn (Ariola)

1995:
Zärtlicher Chaot (Ariola)

1997:
Leise rieselt der Schnee (Ariola)

1999:
Ich werde da sein (Ariola)

2002:
Es lebe das Laster (Ariola)

2003:
Es werde Licht – Meine Winter- & Weihnachtslieder (Ariola)

2005:
Jetzt oder nie (Ariola)

2008:
Einfach ich (Ariola)

2011:
Der ganz normale Wahnsinn (Ariola)

2014:
Mitten im Leben (Ariola)

Die Live-Alben

Alle Live-Alben wurden bei BMG/Ariola veröffentlicht.

1969:
Udo live

1973:
Udo in Concert – Europatournee '73

1977:
Udo Live '77

1978:
Ein Mann und seine Lieder – Live

1980:
Meine Lieder sind wie Hände – Live

1983:
Udo live – Lust am Leben

1985:
Live & hautnah

1987:
Das Live-Konzert '87

1990:
Live ohne Maske – die Welt braucht Lieder

1992:
Open Air Symphony

1995:
140 Tage Café Größenwahn – Tour 94/95

1997:
Gestern-Heute-Morgen Live '97

2001:
Mit 66 Jahren – Live 2001

2004:
Es lebe das Laster – Udo live

2006:
Der Solo-Abend – Live am Gendarmenmarkt
Jetzt oder nie – Live

2009:
Einfach ich – Live 2009

2013:
Best of Live – Die Tourneehöhepunkte Vol.1

2014:
Mitten im Leben – Das Tribute Album (Udo Jürgens und seine Gäste), *ZDF-TV-Produktion zum 80. Geburtstag von Udo Jürgens*

2015:
Das letzte Konzert – Zürich 2014
Best of Live – Die Tourneehöhepunkte Vol.2

Die Musical-Alben (Ariola)

1972:
Helden, Helden

2008:
Ich war noch niemals in New York

2010:
Ich war noch niemals in New York (Wiener Fassung)

Die Soundtracks (Ariola)

1990:
Das Traumschiff (ZDF)

2011:
Der Mann mit dem Fagott (ARD/ORF)

Zusätzlich erschienen unzählige Sampler, Song-Compilations und Best Of-Alben.

VHS-Kassetten

1990:
Portrait ohne Maske – Die Welt braucht Lieder

1992:
Geradeaus live – Ausschnitte aus der »Geradeaus«-Tournee 1992

1995:
140 Tage Größenwahn – Tour 1994/95

1997:
Gestern – Heute – Morgen Live '97

Die Videos sind nicht mehr im Handel erhältlich, werden allerdings noch mitunter in den einschlägigen Sammler- und Verkaufs-Portalen angeboten.

DVDs

2001:
Mit 66 Jahren – Live 2001

2004:
Es werde Licht – Meine Winter- & Weihnachtslieder

2005:
Es lebe das Laster – Udo live

2006:
Der Solo-Abend – Live am Gendarmenmarkt
Jetzt oder nie – Live 2006

2009:
Einfach ich – Live 2009

2011:
Der Mann mit dem Fagott – Die Familiensaga

2014:
Der Mann, der Udo Jürgens ist (Eine Film-Dokumentation)

2015:
Das letzte Konzert – Zürich 2014

Tourneen

1967:
Udo Jürgens singt seine Welterfolge
(50 Konzerte mit 60 000 Besuchern)

1968:
Udo Jürgens singt seine Welterfolge – neues Programm
(75 Konzerte mit 90 000 Besuchern)

1970: Udo 70
(266 Konzerte mit 500 000 Besuchern) *Dies war die legendäre Rekord-Tournee, die in die Annalen der Musikgeschichte eingegangen ist.*

1972/73:
Ich bin wieder da – Europatournee 72/73
(59 Konzerte mit 111 000 Besuchern)

1975:
Udo 75
(63 Konzerte mit 117 000 Besuchern)

1977:
Udo live 77
(68 Konzerte mit 150 000 Besuchern)

1978:
Udo live in ... Ein Mann und seine Lieder
(44 Konzerte mit 123 000 Besuchern)

1980:
Udo 80 – Das Jubiläumskonzert
(110 Konzerte mit 330 000 Besuchern)

1982/83:
Udo live – Lust am Leben
(123 Konzerte mit 400 000 Besuchern)

1984/85:
Udo live & hautnah
(130 Konzerte mit 450 000 Besuchern)

1987:
Deinetwegen auf Tournee
(106 Konzerte mit 400 000 Besuchern)

1989/90:
Concert '90 – Ohne Maske
(107 Konzerte mit 410 000 Besuchern)

1992:
Geradeaus
(87 Konzerte mit 520 000 Besuchern)
Neben der Tournee »Geradeaus« spielte Udo Jürgens am 27. Juni 1992 vor über 200 000 Zuschauern die »Open Air Symphony« auf der Donauinsel in Wien. Begleitet wurde er vom Orchester Pepe Lienhard, dem Rundfunkorchester Frankfurt (Leitung Prof. Peter Falk) und dem Kinder- und Jugendchor Frankfurt (Chorleiter Prof. Dr. Jürgen Blume).

1994/95:
Die Größenwahn-Tournee
(138 Konzerte mit 490 000 Besuchern)

1997:
Gestern-Heute-Morgen – Tournee 1997
(111 Konzerte mit 390 000 Besuchern)

2000/01:
Udo 2000 – Mit 66 Jahren, da fängt das Leben an
(107 Konzerte mit 430 000 Besuchern)

2002:
Ein Soloabend
(12 Konzerte mit 55 000 Besuchern)

2003/04:
Ein Abend mit Udo Jürgens (Es lebe das Laster – Live)
(103 Konzerte mit 400 000 Besuchern)

2005:
Udo spielt Jürgens – Solokonzert
(19 Konzerte mit 66 000 Besuchern)

2006:
Jetzt oder nie – Die Tournee 2006
(78 Konzerte mit 320 000 Besuchern)

2007:
Ein Mann und sein Klavier – Solo 2007
(16 Konzerte mit 55 000 Besuchern)

2009:
Tournee 2009 – Einfach ich
(63 Konzerte mit 330 000 Besuchern)

2010:
Der Soloabend 2010
(12 Konzerte mit 49 000 Besuchern)

2012:
Tour 2012 – Der ganz normale Wahnsinn
(51 Konzerte mit ca. 270 000 Besuchern)

2014:
Tour 2014 – Mitten im Leben
(26 Konzerte mit ca. 170 000 Besuchern). *Die Tournee sollte im Februar/März 2015 mit weiteren 23 Konzerten fortgesetzt werden.*

Ehrungen und Auszeichnungen

1950:
Komponisten-Wettbewerb des Österreichischen Rundfunks (1. Platz für sein Lied »Je t'aime)

1960:
Pressepreis als bester Einzelsänger auf dem Festival von Knokke für das Lied »Jenny«

1964:
5. Platz beim Grand Prix Eurovision in Kopenhagen mit »Warum nur, warum«

1965:
4. Platz beim Grand Prix Eurovision in Neapel mit »Sag ihr, ich lass' sie grüßen«

1966:
1. Platz beim Grand Prix Eurovision in Luxemburg mit »Merci, Cherie« (für Österreich)
Goldener Löwe von Radio Luxemburg für »17 Jahr, blondes Haar«

1967:
Bravo Otto in Bronze

1968:
Goldene Europa (1) des Saarländischen Rundfunks

1969:
Silberner Löwe von Radio Luxemburg für »Mathilda«
Bravo Otto in Silber

1970:
Bambi (1)

1971:
Aufnahme in die Bruderschaft »Lieber Augustin« der Wiener Faschingsgesellschaft

1975:
Goldener Löwe von Radio Luxemburg für »Griechischer Wein«

1976:
Goldene Europa (2) des Saarländischen Rundfunks
Deutscher Schallplattenpreis (1) »Sänger des Jahres«

1977:
Goldene Europa (3) des Saarländischen Rundfunks

1978:
Deutscher Schallplattenpreis (2)
Goldene Europa (4)
Goldenes Mikrofon
Silberner Löwe von Radio Luxemburg für »Buenos Dias, Argentina«
Goldene Westfalenhalle
Sänger des Jahres (Fachzeitschrift Musikmarkt)

1979:
Goldene Kamera (1) für die ZDF-Produktion »Ein Mann und seine Lieder«
Goldenes Ehrenzeichen der Stadt Wien

1980:
Country Music Award für die amerikanische Version von »Buenos Dias, Argentina« durch die American Society of Composers, Authors & Publishers (ASCAP)

1981:
Goldene Europa (5) des Saarländischen Rundfunks
Deutscher Schallplattenpreis (3)
Paul Lincke-Ring (*er wird alle zwei Jahre an Musiker verliehen, die sich besondere Verdienste um die deutschsprachige Unterhaltungsmusik erworben haben*)
Goldenes Ehrenzeichen der Stadt Wien
Goldenes Concert Ticket (1)
Robert Stolz Ehrenurkunde
»Outstanding Song Award« als Komponist und »Most Outstanding Performance Award« als Interpret von »Leave A Little Love« beim World Popular Song Festival in Tokio

1982:
Deutscher Schallplattenpreis (4) für »Leave A Little Love«
Goldenes Concert Ticket (2)

1983:
Deutscher Schallplattenpreis (5) für »Silberstreifen«
Goldene Europa (6) des Saarländischen Rundfunks

1984:
Bambi (2)
Goldene Stimmgabel (1) von ARD und ZDF (*diese Auszeichnung wurde von 1981 bis 2007 vergeben – anfangs von ARD und ZDF, ab 2001 vom ZDF*)

1985:
Professor-Titel vom österreichischen Bundesministerium für Unterricht, Kunst und Sport
Goldene Europa (7) des Saarländischen Rundfunks
»The Concert of the Year« (*dies war ein Preis der Veranstalter- und Tournee-Agentur ›Lippmann & Rau‹ – übergeben wurde er von Konzert-Impresario Fritz Rau, der auch sehr viele der Udo Jürgens-Tourneen veranstaltete*)

1986:
Goldene Stimmgabel (2) von ARD und ZDF

1987:
Ehrenlöwe von RTL
Deutscher Musikpreis »Berolina« für das langjährige, erfolgreiche Schaffen des Künstlers
Goldene Kamera (2) in der Kategorie »Bester Musiker« für die Musik in der TV-Produktion »Heute Abend in Bejing«

1988:
TV-Unicef/Danny Kaye Award

1989:
Goodwill-Ambassadeur UNHCR (United Nations High Commissioner for Refugees)
Ehrenring der Stadt Wien
Eintrag ins Golden Buch der Stadt Berlin (*dies erfolgte am 10. November 1989, am Tag des Mauerfalls*)

1991:
Goldener Landesorden von Kärnten (Österreich)

1992:
Goldene Stimmgabel (3) von ARD und ZDF

1994:
Deutscher Schallplattenpreis (6)
Echo 1993 für das künstlerische Lebenswerk (*der »Echo« ist der Nachfolger des Deutschen Schallplattenpreises*)
Ehrenring der Stadt Wien (*er wurde durch den damaligen Wiener Bürgermeister Dr. Helmut Zilk verliehen*)
Verdienstkreuz 1. Klasse des Verdienstordens der Bundesrepublik Deutschland (*die Verleihung im Frankfurter Römer durch Oberbürgermeister Andreas von Schoeler findet an Udo Jürgens' 60. Geburtstag am 30. September 1994 statt*)
Ehrenbürgerschaft der Gemeinde Pörtschach am Wörthersee (Österreich)
Ehrung für den Komponisten und Sänger durch Pflanzung von sechs Bäumen in der Stadthausanlage der Stadt Zürich (Schweiz)

1995:
Goldene Kamera (3) als erfolgreichster Künstler des Jahres 1994
Großes Ehrenzeichen für Verdienste um die Republik Österreich (*die Verleihung im Bundeskanzleramt in Wien erfolgte durch den damaligen Bundeskanzler Dr. Franz Vranitzky*)

1996:
FIFA Verdienstorden (*verliehen durch Franz Beckenbauer im österreichischen SOS Kinderdorf Moosburg/ Klagenfurt*)

1997:
30 Jahre Zusammenarbeit mit BMG/Ariola und Auszeichnung für 70 Millionen verkaufte Tonträger

1998:
Goldene Europa (8) für das Lebenswerk (Lifetime-Award)

1999:
Bambi (3) »Ehren-Bambi«
Radio Regenbogen Award

2000:
Amadeus Austrian Music Award (1) in der Kategorie »Solokünstler Schlager« (*der Amadeus Award ist der größte österreichische Musikpreis und wird seit dem Jahr 2000 alljährlich in verschiedenen Kategorien an die in Österreich erfolgreichsten nationalen Musiker verliehen*)

Goldene Feder des Heinrich Bauer Verlages für das Lebenswerk (*die Preisverleihung übernahm der ehemalige Bundeskanzler Gerhard Schröder*)

2001:
Amadeus Austrian Music Award (2) erneut in der Kategorie »Solokünstler Schlager«
Goldene Stimmgabel (4) vom ZDF als »erfolgreichster Solist Deutsch/Pop«
Ehrenbürgerschaft der Stadt Klagenfurt (Österreich)

2002:
Helix 2002 (Hörerlebnis-Preis vom »Forum Besser Hören«)

2003:
Amadeus Austrian Music Award (3) in der Kategorie »Lebenswerk«

2004:
Deutscher Musikpreis DMV (Deutscher Musikverleger-Verband) für das Lebenswerk
Deutscher Fernsehpreis in der Kategorie »Ehrenpreis der Stifter« (*der Deutsche Fernsehpreis wurde 1998 von den Fernsehsendern ARD, ZDF, RTL und Sat1 beschlossen und erstmals 1999 verliehen*)

2007:
BZ Kulturpreis »Berliner Bär« für das Lebenswerk
Ehrenmitgliedschaft der internationalen Carl-Löwe-Gesellschaft

Sheba Humanitarian Award 2007 (*der Preis wird seit 1990 vom Chaim Sheba Medical Center an herausragende und hochkarätige Persönlichkeiten aus Politik, Gesellschaft und Kultur verliehen – das Center in Israel ist das größte und bedeutendste Universitätsklinikum im Nahen Osten*)
Platz 2 der ZDF Showreihe »Unsere Besten« in der Kategorie »Beste deutschsprachige Musikstars aller Zeiten«

2008:
Steiger Award 2008 in der Kategorie »Musik« (*dieser Preis wird seit 2005 aufgrund von besonderem Engagement in den Bereichen Toleranz, Charity, Musik, Film, Medien, Sport, Umwelt oder Zusammenwachsen der europäischen Staatengemeinschaften vergeben*)
BILD-Osgar für das Lebenswerk
Goldene Henne »Lebenswerk« (*Deutscher Publikums- und Medienpreis*)

2010:
Crystal Award des World Economic Forum WEF für Udo Jürgens' Stiftung »Ihr von morgen«

2011:
SWR4 Ehrenpreis »Ehren Vier« für das Lebenswerk
ROMY für das Lebenswerk (*Romy ist ein österreichischer Film- und Fernsehpreis, der alljährlich in der Wiener Hofburg vergeben wird*)
Publikums-Bambi für den ARD/ORF Zweiteiler »Der Mann mit dem Fagott«

2012:
ROMY und Deutscher Fernsehpreis für den Film
»Der Mann mit dem Fagott«

2013:
Bambi (5) für das Lebenswerk

2014:
Prix du Champagne für das Lebenswerk
Verleihung des St. Georg Ordens beim SemperOpernball
Musikautorenpreis der GEMA für das Lebenswerk
Sonderbriefmarke der österreichischen Post mit einem Porträt von Udo Jürgens als Motiv

2015:
Aufnahme in die Echo Hall of Fame
Posthum Amadeus Austrian Music Award (4) für den »Künstler des Jahres 2014«